L'ordine architettonico non esiste

Ordo sive genus

L'ordine architettonico non esiste
Ordo sive genus

Alessandro Camiz

Davide Ghaleb Editore
Vetralla, 2014

Prima edizione: 2014
Rev. 9.0
ISBN: 978-1-291-78269-1

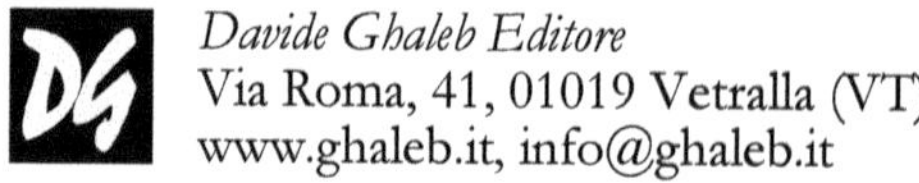
Davide Ghaleb Editore
Via Roma, 41, 01019 Vetralla (VT)
www.ghaleb.it, info@ghaleb.it

Lulu Press Inc. 3101, Hillsborough St., Raleigh NC 27607, USA
www.lulu.com, pr@lulu.com
ID: 14523468

Collana scientifica: *Forma Civitatis books*. Volume 1
www.formacivitatis.com
editor@formacivitatis.com

I testi della collana sono sottoposti a *double blind peer review*.

Dedico questo libro alla imperitura memoria
di Enrico Guidoni, per avermi mostrato
come ricercare liberamente.

Indice

Prefazione ix

Ordo sive genus 1

La definizione italiana di ordine 5

I significati di trasgressione 10

I significati di genere 14

Occorrenza di *ordo* nel *De Architectura* 16

Infondatezza del concetto di ordine architettonico . 26

L'interpretazione di Palladio 34

Leonbattista Alberti 39

Conclusioni 53

Cronologia 60

Bibliografia 64

Fig. 1 G.B. PIRANESI, *Le Antichità Romane*, nella stamperia Salomoni alla piazza di S. Ignazio, Roma 1784, vol. IV, tav. XXXVII, *Dimostrazione in grande delle parti del second'ordine del Teatro di Marcello.*

Prefazione

Questo libro contiene una rielaborazione dell'intervento da me presentato il 1 luglio 2005 alla giornata di studi "Ordine e trasgressione" all'Istituto Svizzero di Roma e pubblicato nel volume a cura d Marco Vencato, Andreas Willi e Sacha Zala, *Ordine e trasgressione. Un'ipotesi di interpretazione tra storia e cultura*, Viella, Roma 2008. Rileggendo dopo dieci anni un testo con alcuni passaggi ruvidi, ho ritenuto opportuno estrarlo dal contesto miscellaneo degli atti, rivederlo accuratamente e farvi qualche aggiunta per pubblicarlo nuovamente, rendendolo così accessibile agli studiosi delle teorie di architettura. Durante la preparazione della tesi di dottorato su *Ravenna medievale*, ricevetti tramite l'Associazione Storia della Città l'invito a proporre un *abstract* per partecipare alla giornata di studi: presentai la constatazione, conseguente alla lettura in latino del *De Architectura*, dell'assenza dell'*ordine architettonico* nel testo di Vitruvio, un argomento che mi sembrava compatibile con il tema della giornata. Dopo l'accettazione dell'*abstract*, affrontai l'analisi del testo vitruviano e delle diverse traduzioni, alla ricerca delle discontinuità di senso. La presentazione fu apprezzata e la domanda rivoltami dai curatori «che ruolo ha avuto il tuo relatore di dottorato, Enrico Guidoni, in questa ricerca?» mi colse completamente impreparato. In realtà non aveva avuto alcun ruolo, se non quello di ascoltare pazientemente e progressivamente i risultati che stavo ottenendo, mostrando ogni volta, con la domanda «novità?», un incoraggiante e sincero apprezzamento, senza però dare indicazioni metodologiche o bibliografiche: insomma nessun suggerimento, di nessun tipo. Solo oggi comprendo che il suo *silenzio* era in realtà un prezioso insegnamento di assoluta *libertà*.

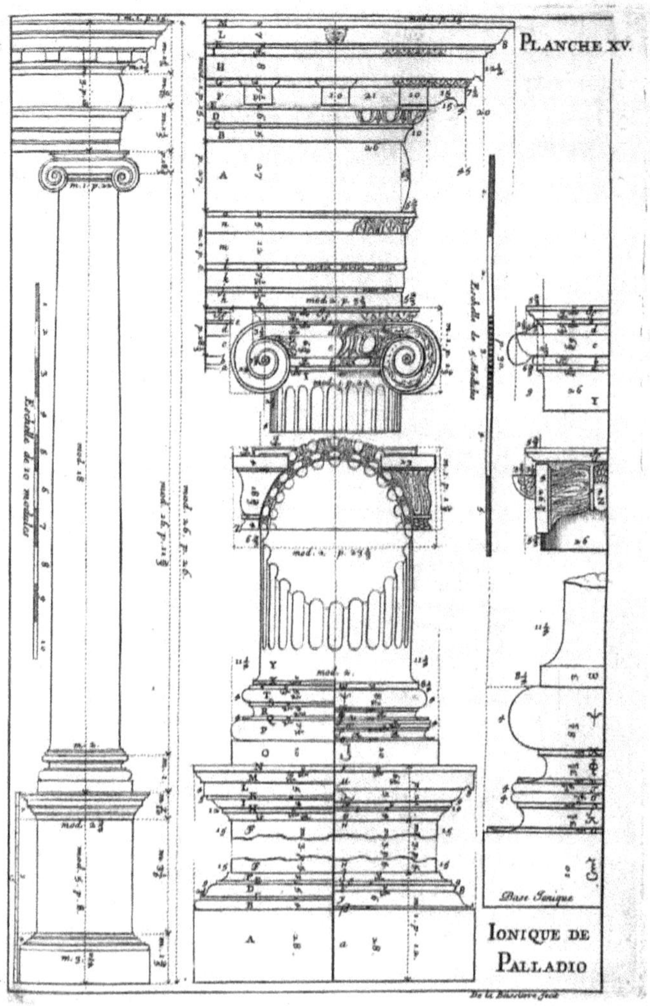

Fig. 2 F. BLONDEL, *Cours D'Architecture Enseigné Dans L'Academie Royale D'Architecture: Ou Sont Expliquez Les Termes, L'origine & les Principes d'Architecture, & les pratiques des cinq Ordres*, I, de l'imprimerie de Lambert Roulland, Paris 1698, tav. XV, *Ionique de Palladio*.

Ordo sive genus

> Mosso a compassione vedendo che, perinfino alli tempi nostri, non è stato inteso questo nostro autore di Vitruvio, e le cause sono molte[1]

Il presupposto scientifico di questo volume è l'analisi, condotta con metodologie informatiche avanzate, dell'occorrenza del termine «ordo» nel *De architectura* di Vitruvio[2]. L'analisi ha evidenziato che la parola «ordo» non compare mai con il significato di *ordine architettonico* così come siamo abituati a conoscerla (*i.e.* ordine dorico, ordine ionico, ordine corinzio). Al posto del termine che molti traducono con *ordine*, compare il termine «genus», ovvero *genere*, ma nell'accezione sessuata. Questo testo individua pertanto dove e quando, nell'ambito della trattatistica architettonica, è stata introdotta la dizione di "ordine architettonico", dopo aver verificato che non se ne trova traccia alcuna in Vitruvio e che una certa *letteratura moderna* ne ha diffuso l'uso legittimandolo come un portato dalla tradizione. Forse qualche trascrizione rinascimentale forzata ha introdotto il termine *ordine* in riferimento al *genere*

---

1 A. DA SANGALLO, Proemio alla traduzione del *De Architectura*, Biblioteca Nazionale di Firenze, Codice Magliabechiano, cl. xvii, cod. 20, in *Scritti d'arte del Cinquecento*, a cura di P. BAROCCHI, III, Milano-Napoli 1977, p. 3028.

2 VITRUVIUS, *On architecture, edited form the Harleian manuscript 2767 and translated into English by* F. GRANGER, Harvard University Press & William Heinemann Ltd, London-Cambridge, Massachusetts 1962.

dorico, ionico, corinzio, e questo termine è entrato poi nel linguaggio corrente dell'architettura, rimanendovi fino ad oggi.

Già Onians[3] aveva evidenziato con notevole precisione la deriva semantica del concetto di *genere architettonico* che, nella successione dei termini usati da Vitruvio, Alberti, Filarete, Francesco di Giorgio e Raffaello, delineava una variazione notevole di significato. Possiamo affermare quindi che l'*ordine architettonico* (nel senso corrente del termine) non esiste, si tratta di un'errata traduzione oppure di una voluta forzatura ideologica[4]. Questo testo propone la disamina comparata della letteratura Rinascimentale alla ricerca della "errata traduzione" e delle sue *motivazioni sovra-strutturali*, avendo ipotizzato che la sostituzione non è stata un errore ma, più ragionevolmente, sia imputabile ad un lucido programma ideologico attuato attraverso il *linguaggio dell'architettura*: un programma di *ordine sociale* e culturale piuttosto che di *genere architettonico*, un programma oggi ancora in vigore con l'adozione nelle lingue contemporanee del termine "ordine" per significare le basi dell'architettura classica. A questa errata concezione si è contrapposto – superficialmente e in modo inutilmente trasgressivo – un programma di "disordine" architettonico *contemporaneo*, ovvero *anticlassico*, le cui motivazioni esclusivamente ideologiche hanno lasciato in disparte la *vera natura* dell'architettura e dell'*Arte di progettare le città*[5].

---

3 J. ONIANS, *Bearers of meaning. The classical Orders in Antiquity, the Middle Ages, and the Renaissance*, Princeton University Press, Princeton, New Jersey 1988, p. 247.

4 A. CAMIZ, *Genere ed elenco. Tecniche compositive e significazione architettonica*, in Questioni di progettazione, a cura di R. PANELLA, Roma 2004, p. 103.

5 E. GUIDONI, *L'arte di progettare le città. Italia e Mediterraneo dal medioevo al settecento*, Edizioni Kappa, Roma 1992.

M·L·VITRV·

M·D·XXIIII·

Fig. 3 M. L. VITRUVIO POLLIONE, *de Architectura traducto di Latino in Vulgare dal vero exemplare con le figure a li soi loci con mirando ordine insignito: con la sua tabula alphabetica: per la quale potrai facilmente trovare la moltitutine de li vocaboli a li soi loci con summa diligentia expositi: et enucleati: mai piu da niuno altro fin al presente facto ad immensa utilitate di ciascuno studioso,* in le case de Ioanne Antonio & Piero fratelli de Sabio, Venezia 1524, Biblioteca Forteguerriana, Pistoia, sala VII.3.1.15, *Frontespizio.*

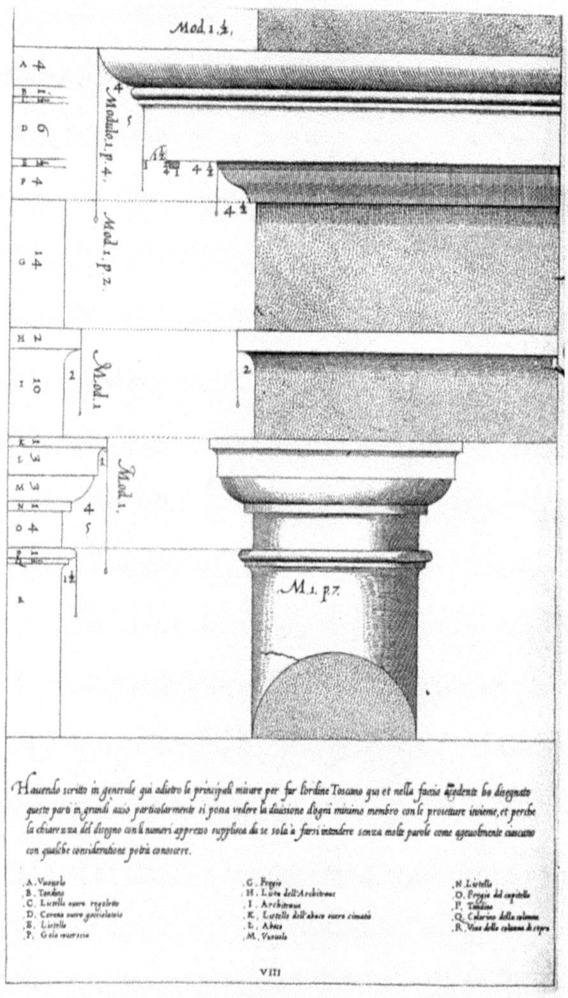

Fig. 4 M. JACOMO BAROZIO DA VIGNOLA, *Regole dei cinque ordini d'architettura*, s.e., Roma 1562, tav. VIII, *Ordine Toscano, capitello e trabeazione.*

La definizione italiana di ordine

Nel testo di Vitruvio compare il termine «ordinatio» inteso come prescrizione, ma non come indicazione formale relativa allo stile: piuttosto il concetto è impiegato per illustrare le disposizioni costruttive e tecniche. L'ambiguità semantica denotata dal termine *ordine,* nella sua accezione moderna, era stata già individuata, seppure in termini concettuali, analizzando i significati correnti del termine e individuando la presenza simultanea di «una legge (o di una tradizione che è diventata legge) oscuramente imposta o collettivamente voluta»[6]. Intendiamo qui ricostruire compiutamente il senso della «struttura stessa delle cose»[7], restituendo la dovuta evidenza ai *sistemi di relazione* dell'architettura, che in greco si traducono appunto con ταξισ. I termini «ordo» e «ordinatio» sono impiegati da Vitruvio con un'accezione completamente diversa da quell'attuale e mai associati agli stili regionali greci (dorico, ionico, corinzio). L'autore fa espressamente derivare il termine «ordinatio» dal greco ταξισ, i cui significati vanno dalla *schiera*, o *fila di persone* in ambito militare, all'azione di *disporre* elementi, fino alla *norma* prescrittiva.

Il dizionario italiano riporta numerosi significati di ordine. «*Ordine*, s.m., 1 disposizione d'ogni cosa nel luogo che le compete secondo un determinato criterio; 2 serie ordinata di cose, anche non materiali; il posto occupato da ogni singola cosa in una serie; 3 insieme di persone o cose che, per condizione o per particolari caratteristiche, formano una categoria a sé; 4 nella classificazione zoologica o botanica, categoria sistematica inferiore alla classe e superiore alla famiglia; 5 nell'architettura

---

6 V. GREGOTTI, *Dell'ordine*, «Casabella: rivista internazionale di architettura», a. LVI, n. 590, (Maggio 1992), p. 2.

7 *Ibidem*.

classica, sistema architettonico contraddistinto principalmente dall'uso di un determinato tipo di colonna e di trabeazione: *ordine dorico*, *ionico*, *corinzio*; 6 (*teol.*) il sacramento che conferisce la grazia e il carattere sacerdotale; 7 precisa disposizione formulata a voce o per iscritto da un superiore ad un inferiore in una gerarchia; comando; 8 disposizione data dal titolare di un diritto per il compimento di un determinato atto; 9 richiesta di merce o di servizi; commissione, ordinazione; 10 (*mat.*) relazione binaria tra gli elementi di un insieme per la quale valgano le proprietà riflessiva, transitiva e antisimmetrica»[8].

E' evidente che nella lingua italiana esistono diverse accezioni del termine *ordine*, e che tutte (tranne la 2, la 5 e la 10) hanno una significazione comune che potremmo schematizzare come segue: *criterio per la disposizione di elementi secondo uno schema dato*. Ma in latino il termine assumeva un significato leggermente diverso:

«*Ordo, s.m.*, 1 fila, linea, filare; 2 fila, schiera, rango; 3 centuria; 4 rango o grado militare; 5 ordine, ceto, classe sociale; 6 canone; 7 ordine, serie, successione; 8 sequenza, svolgimento del fatti; 9 disposizione ordinata o regolare, organizzazione; 11 regolarità, sistema, metodo»[9]. Il termine latino rivela, diversamente dall'italiano, una particolare accezione militare e di inquadramento sociale del termine.

Nel Vocabolario toscano dell'arte del disegno, edito nel 1691, fu introdotta la voce specifica "ordine d'Architettura"[10], a testimonianza del fatto che in quei tempi il termine era già in uso in quei tempi. La definizione fornita sovrappone diversi si-

---

8 Voce Ordine, *Dizionario Garzanti della lingua italiana*, © 2004 Garzanti Linguistica.

9 Voce *Ordo* da: *Nomen. Il nuovissimo Campanini Carboni, Latino Italiano – Italiano Latino*, Milano 2002.

10 F. BALDINUCCI, *Vocabolario Toscano dell'Arte del Disegno*, per Santi Franchi, Firenze 1691, © 1999 Cribecu - Scuola Normale Superiore di Pisa.

gnificati, e si conclude con il riferimento esplicito al dorico, allo ionico e al corinzio. «Quella proporzionata disposizione, che dà l'Artefice alle parti dell'edificio, mediante la quale ciascheduna ritiene il suo sito in quella grandezza, che si ricerca, conforme al fine, che si prescrive il medesimo Artefice. Dicesi anche simetría, che è quanto dire disposizione a misura: e benchè sotto questo termine Ordine, s'intendano le disposizoni delle particulari stanze, che alla natura di qualsivoglia abitazione si convengono; contuttociò pare, che in pratica, per non sò qual proprietà o eccellenza, solo agli ornamenti di essi edifizi s'appropri questa voce: ed in questo modo presa pare si possa dire, che l'Ordine d'Architettura è un concerto o componimento di varie parti proporzionate fra di loro; le quali annesse, a guisa di membra, formano un corpo intero, in cui si vede leggiadría e bellezza, atta a soddisfare l'occhio di chi le mira. Gli Ordini adunque (così presi) dell'Architettura son diversi, e la loro differenza consiste nella diversità delle proporzioni, che possono con ottima regola trovarsi nelle loro parti principali, e nel numero, e diversità delle medesime parti. De' molti Ordini d'Architettura, che dagli antichi furono ritrovati, e posti in uso, solo cinque sono dagli ottimi Artefici stati approvati, cioè il Toscano, il Dorico, lo Ionico, il Corinto, e'l Composito, de' quali a suo luogo; avvertendo, che anno preso tali denominazioni da' popoli, che o ne furono gli inventori, o ne frequentarono l'uso. Usano in valersi gli Architetti di questi Ordini nella struttura degli edifizij (come dice un moderno Autore) secondo la qualità di ciascuno, nel modo, che tiene la Natura nella produzione degli alberi, la quale gli fa rozzi, e grossi nel piede, nelle parti più alte più sottili, e nella sommità più ornati; che però servonsi prima del Toscano, o del Dorico, come più massicci e robusti degli altri, sopra questi alzano lo Ionico, e finalmente il Corinto, o 'l Composito, che sono i più delicati, ed ornati di tutti gli altri»[11]. Il testo prosegue con una dizione che sembra già illustrare il carattere nazionalistico e ideologico che la nozione di *ordine di architettura* cominciava ad assumere.

«*Ordine Gottico*: Dicesi quel modo di lavorare tenuto nel tempo de' Goti, di maniera Tedesca, di proporzione in niuna cosa simile a' cinque buoni Ordini d'Architettura antichi; ma di fazzione in tutto barbara, con sottilissime colonne, e smisuratamente lunghe, avvolte, e in più modi snervate, e poste l'una sopra l'altra, con un'infinità di piccoli tabernacoli, e piramidi, risalti, rotture, mensoline, fogliami, animali, e viticci, ponendo sempre cosa sopra cosa, senza alcuna regola, ordine, e misura, che vedersi possa con gusto»[12].

Infine, il Dizionario della Crusca mantiene invece il termine all'interno di un significato più generale, ignorandone però l'accezione architettonica.

«*Ordine:* Disposizione, e collocamento di ciascuna cosa in suo luogo, regola, modo. In latino *ordo, modus, dispositio*»[13].

---

[11] Voce Ordine d'Architettura, F. BALDINUCCI, *Vocabolario Toscano dell'Arte del Disegno,* per Santi Franchi, Firenze 1691, © 1999 Cribecu - Scuola Normale Superiore di Pisa.

[12] Voce Ordine Gottico, ivi.

[13] Voce Ordine, *Vocabolario degli accademici della crusca,* Appresso Giovanni Alberti, Venetia 1612, CRUSCA © 2001 CRIBeCu - Accademia della Crusca -Scuola Normale Superiore di Pisa.

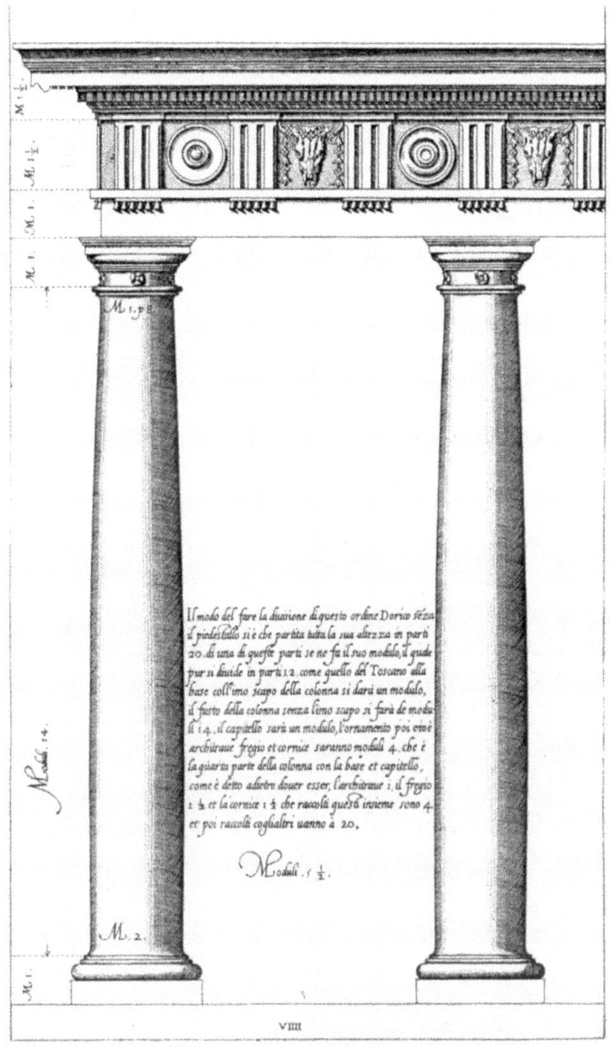

Fig. 5 M. J. BAROZIO DA VIGNOLA, *Regole dei cinque ordini d'architettura*, s.e. Roma 1562, tav. VIIII, *Ordine Dorico, colonnato.*

I significati di trasgressione

Dopo aver considerate le accezioni generali e architettoniche del termine *ordine*, veniamo al secondo termine: trasgressione.

«*Trasgressione*, s.f., 1 il trasgredire; la mancata obbedienza a una prescrizione o a una norma; 2 (*geol.*) progressiva sommersione di terre emerse da parte di acque marine».[14]

Il significato è univoco e schematizzabile come la mancata obbedienza ad uno schema assegnato per la disposizione di elementi dati. Analizzando secondo la diade antinomica[15] *ordine-trasgressione* la voce "ordine gottico" del Baldinucci (vedi *supra*) è evidente che l'autore ascrive il concetto di *ordine,* in una sua specifica e regionale declinazione, alla categoria della trasgressione. Nonostante il significato architettonico esca dallo schema semantico generale della coppia *ordine-trasgressione*, in qualche modo ne riassume materialmente il significato più lato, ovvero criterio spaziale per la disposizione spaziale di elementi (ordine) e il mancato rispondimento al criterio stesso (trasgressione).

In qualche modo questa «intenzionalità formale»[16], o per dirlo in tedesco *kunstwollen*, che è implicita nel termine *ordine,* dovrebbe rispecchiare una *tradizione* antica che affonda le radici nell'architettura classica, nella letteratura e nella trattatistica architettonica, la cui «regola» cristallizzata sarebbe stata rievocata dalla rilettura del trattato vitruviano e dall'osservazione delle

---

[14] Voce Trasgressione, *Dizionario Garzanti della lingua italiana,* © 2004 Garzanti Linguistica.

[15] G. STRAPPA, *Unità dell'organismo architettonico. Note sulla formazione e trasformazione dei caratteri degli edifici*, Edizioni Dedalo, Bari 1995.

[16] F. PURINI, *Comporre l'architettura*, Laterza, Roma-Bari 2000, p. 113.

antichità durante il Rinascimento da autori quali Alberti, Francesco di Giorgio Martini, e poi successivamente Vignola, Palladio, Serlio. Questa interpretazione si è dunque protratta fino ad una modernità che invece si fonda, per gran parte, sulla trasgressione della regola e dell'ordinamento classico, negando i concetti di proporzione, simmetria e impiego degli *ordini* classici. E' noto il modo in cui si è cercato di imitare l'antico dal Quattrocento in poi, fino al Neoclassicismo ai *Revivals* stilistici di fine Ottocento e come la modernità, nella sua accezione inutilmente trasgressiva, ha voluto disconoscere questa *mimesi ordinata* per seguire sue regole di *rottura*, come *asimmetria*, *deformità*, abolizione della *decorazione* architettonica, dandosi quindi in realtà un ordine, ancora una volta. Questa interpretazione sembra essere universalmente riconosciuta e accettata, tanto da divenire un *topos* letterario. Ecco quindi delineata, nella sua progressione diacronica, la coppia dialettica *ordine-trasgressione*, ovvero *ordine* e *sovvertimento* dell'ordine nell’architettura. Dimostreremo che questa sequenza storica in architettura, dal punto di vista filologico, presenta un passaggio poco chiaro che si colloca da qualche parte tra il primo Rinascimento e il Cinquecento.

Prima di passare alla disamina dei termini nella letteratura occorre, a nostro avviso, rilevare come questo passaggio è, a partire da uno specifico disciplinare, utile alla discussione storica in maniera generale. Se il criterio per disporre elementi dati, quali che siano, obbedisce a regole preimpostate da vincoli sociali e se tali vincoli sono soggetti a evoluzione, allora nasce la necessità di trasgredire i vincoli per ripristinare l'equilibrio, quando l'ordine dato non corrisponde più al quadro sociale che nel frattempo si è evoluto più rapidamente. In architettura, pur variando le tecnologie costruttive, i modi di produzione, i materiali e alcune esigenze dell'utenza, rimane un nucleo *invariante* di concetti (significato, orientamento, riconoscimento, identificazione, appartenenza, radicamento). Questo nucleo ci suggerisce una riflessione seria sul significato di trasgredire, ovvero disconoscere i portati di un'esperienza millenaria senza considerare l'impatto psicologico e sociale che l'ambiente costruito può avere sulle donne e sugli uomini.

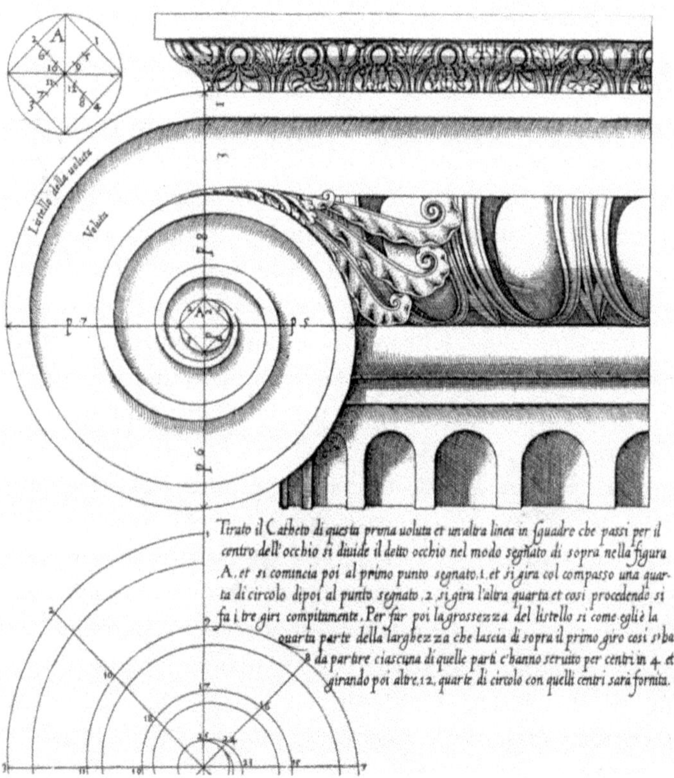

Fig. 6 M. J. BAROZIO DA VIGNOLA, *Regole dei cinque ordini d'architettura*, s.e., Roma 1562, Tav. XX, *Ordine Ionico: costruzione del capitello.*

Fig. 7 I. B. PIRANESI, *De romanorum magnificentia et architectura*, s.e., Romae 1761, tav. VI, *Variae in architectura graecanica rationes ac symmetriae ex antiquis monumentis exceptae.*

I significati di genere

A questo punto occorre introdurre un altro termine la cui utilità sarà chiara tra breve: *genere*.

«*Genere*, s.m., 1 raggruppamento concettuale di più cose o persone aventi caratteri comuni; 2 (*estens.*) individuo che riassume in sé i caratteri propri del suo ceto, della sua categoria; 3 nel pensiero filosofico tradizionale, categoria di oggetti che hanno in comune proprietà essenziali e differiscono per proprietà non essenziali; nella classificazione aristotelica, categoria superiore alla specie; 4 raggruppamento di specie animali o vegetali somiglianti tra loro per alcuni caratteri essenziali; nella classificazione sistematica succede alla famiglia e precede la specie; 5 merce, prodotto commerciale; 6 (*gramm.*) categoria grammaticale che distingue il maschile, il femminile e in alcune lingue (*e.g.* il latino) anche il neutro».[17]

Codesto termine, in latino «genus», sarà utile all'interpretazione del testo Vitruviano per il ruolo assolutamente centrale che gli è assegnato dall'autore.

---

[17] Voce Genere, *Dizionario Garzanti della lingua italiana*, © 2004 Garzanti Linguistica.

REGINA VIRTVS

I QVATTRO LIBRI
DELL'ARCHITETTVRA
Di Andrea Palladio

SI TRATTA DELLE CASE PRIVATE,

CON PRIVILEGI.

IN VENETIA,
Appresso Dominico de'
Franceschi.
1570.

Fig. 8 A. PALLADIO, *I quattro libri dell'architettura. Ne' quali, dopo un breve trattato de' cinque ordini, & di quelli avertimenti, che sono piu necessarii nel fabricare; si tratta delle case private, delle Vie, de I ponti, delle Piazze, de i Xisti et de' Tempii*, Appresso Domenico de' Franceschi Venetia, 1570, *Frontespizio.*

Occorrenza di *ordo* nel *De Architectura*

Il termine «ordo» compare nel testo vitruviano frequentemente, ma è impiegato prevalentemente per significare un concetto alquanto diverso dall'*ordine architettonico* che conosciamo dalla letteratura successiva. L'esplorazione completa dei significati del termine «ordo» nel *De Architectura*, selezionati con l'analisi digitale delle occorrenze e interpretati con riferimento specifico al contesto di utilizzo, è pertanto lo strumento in grado di individuare il campo semantico di utilizzo del termine e la sua ampiezza.

Il termine «ordo» compare nel primo libro, affiancato a «genus», ma con un'accezione piuttosto diversa[18]. Nella prefazione del secondo libro Vitruvio auspica la ricerca dell'«ordo» nel progetto degli edifici sacri, pubblici e privati, richiamando proporzione e simmetria.[19] Nel primo libro, al secondo capitolo, l'autore introduce il concetto di «ordinatione», facendolo discendere dal greco ταξις (disposizione) e in riferimento a simmetria[20] e proporzione nelle parti e nell'insieme[21]. Nella prefazione del secondo libro, dove si racconta come l'architetto Dinocrate ottenne l'incarico professionale presentandosi nudo

---

18 *Commensus aedificiorum et ordines et genera singula symmetriarum peragere et in singulis voluminibus explicare*, M. VITRUVII POLLIONIS, *De Architectura*, I, 7, 1.

19 *insequatur ordo de aedibus sacris et publicis aedificiis itemque privatis*; ivi, II, *Praefatio*, 5.

20 Per il rapporto tra ordine e simmetria si veda M. BIRINDELLI, *Ordine apparente. Architettura e simmetrie irregolari*, Edizioni Kappa, Roma 1987.

21 *Ordinatione; Architectura autem constat ex ordinatione, qua graece* taxis *dicitur, et ex dispositione, hanc autem Graeci* diathesin *vocitant, et eurythmia et symmetria et decore et distributione quae graece* oeconomia *dicitur. Ordinatio est modica membrorum operis commoditas separatim universeque proportionis ad symmetriam comparatio. Haec componitur ex quantitate quae graece* posotes *dicitur. Quantitas autem est modulorum ex ipsius operis sumptio e singulisque membrorum partibus universi operis conveniens effectus. De Arch.*, I, 2, 1-2

ad Alessandro Magno, il termine indica i capi delle centurie destinatari delle lettere di raccomandazione[22]. Nel secondo libro «ordo» riguarda la sequenza di argomenti da trattare nel volume, quindi, *nell'ordine*, dopo la calce e la sabbia viene presentato il capitolo sulle pietre[23]. Nuovamente il concetto di *ordine* è utilizzato per prescrivere l'impiego di simmetria e proporzione nel progetto dei templi[24]. Nel quarto libro lo stesso concetto è ripreso e ampliato, *l'ordine* è utilizzato per la prescrizione concernente l'uso della simmetria e della proporzione[25]. Nel mettere in discussione la numerazione dei libri del trattato è impiegata per due volte la parola «ordo»[26] con il significato di *ordine progressivo*[27]. Nel terzo capitolo del secondo libro, dedicato ai mattoni, la stessa parola è impiegata con il significato di *ricorso di mattoni*[28].

---

22 *Dinocrates architectus cogitationibus et sollertia fretus, cum Alexander rerum potiretur, profectus est e Macedonia ad exercitum regiae cupidus commendationis. Is e patria a propinquis et amicis tulit ad primos ordines et purpuratos litteras, aditus haberet faciliores, ab eisque exceptus humane petit, uti quamprimum ad Alexandrum perduceretur*, ivi, *Praefatio*, 1.

23 *Sequitur ordo de lapidicinis explicare*, ivi, II, 7, 1.

24 *Et primum de deorum inmortalium aedibus sacris et de earum symmetriis et proportionibus, uti ordo postulat, insequenti perscribam*, ivi, II, 10, 3.

25 *Nos autem exponimus, uti ordo postulat, quemadmodum a praeceptoribus accepimus, uti, si qui voluerit his rationibus adtendens ita ingredi, habeat proportiones explicatas, quibus emendatas et sine vitiis efficere possit aedium sacrarum dorico more perfectiones*, ivi, IV, 3, 3.

26 *Sed si qui de ordine huius libri disputare voluerit, quod putaverit eum primum institui oportuisse, ne putet me erravisse, si credam rationem*, ivi, II, 1, 8.

27 *Ergo ita suo ordine et loco huius erit voluminis constitutio*, ivi, II, 1, 9.

28 *Quae cum struuntur, una parte lateribus ordines, altera semilateres ponuntur*, ivi, II, 3, 4.

Fig. 9 V. SCAMOZZI, *L'Idea dell'Architettura Universale*, per Giorgio Valentino, Venezia 1615, Tav. V, *Aspetto de' cinque ordini di architettura.*

Fig. 10 M.J. BAROZIO DA VIGNOLA, *Regole dei cinque ordini d'architettura*, s.e., Roma 1562, Tav. XXI, *Ordine Corinzio, colonnato*

Nell'ottavo capitolo del secondo libro, dedicato ai muri, la parola «ordo» assume il significato di corretta *disposizione*[29]. Poco dopo, troviamo un'altra occorrenza della parola con il significato di *ricorso di mattoni*[30]. Nel primo capitolo del terzo libro, dedicato alla composizione dei templi, la stessa parola è impiegata con il significato di "proprietà compositive analoghe a quelle dal corpo umano"[31]. Nel terzo capitolo del secondo libro, a proposito dei templi peripteri, la parola assume il significato di *fila di colonne*[32] ed è ripetuta due volte con lo stesso significato poco più avanti a proposito del tempio pseudodiptero[33] e diptero[34]. Nel capitolo successivo, dedicato all'elevazione dei templi, il termine assume il significato di *fila di persone*[35] e compare con il significato di *fila di colonne* poco più oltre[36]. Nel quarto libro, dedicato ai capitelli delle colonne, il termine è impiegato per indicare la corretta *disposizione* degli elementi lignei

---

29 *Ita enim non acervatim, sed ordine structum opus poterit esse sine vitio sempiternum, quod cubilia et coagmenta eorum inter se sedentia et iuncturis alligata non protrudent opus neque orthostatas inter se religatos labi patiuntur*, ivi, II, 8, 4.

30 *Isodomum dicitur, cum omnia coria aequa crassitudine fuerint structa; pseudisodomum cum inpares et inaequales ordines coriorum diriguntur*, ivi, II, 8, 6.

31 *Igitur cum in omnibus operibus ordines traderent, maxime in aedibus deorum, operum et laudes et culpae aeternae solent permanere*, ivi, III, 1, 4.

32 *Ita autem sint hae columnae conlocatae, ut intercolumnii latitudinis intervallum sit a parietibus circum ad extremos ordines columnarum, habeatque ambulationem circa cellam aedis, quemadmodum est in porticu Metelli Iovis Statoris Hermodori et ad Mariana Honoris et Virtutis sine postico a Mucio facta*, ivi, III, 2, 5.

33 *Ita duorum intercolumniorum et unae crassitudinis columnae spatium erit ab parietibus circa ad extremos ordines columnarum*, ivi, III, 2, 6.

34 *Dipteros autem octastylos et pronao et postico, sed circa aedem duplices habet ordines columnarum, uti est aedis Quirini dorica et Ephesi Dianae ionica a Chersiphrone constituta*, ivi, III, 2, 7.

35 *Matres enim familiarum cum ad supplicationem gradibus ascendunt, non possunt per intercolumnia amplexae adire, nisi ordines fecerint*; ivi, III, 3, 3.

Ex dipteri enim aedis symmetriae distulit interiores ordines columnarum XXXIV eaque ratione sumptus operasque compendii fecit, ivi, III, 3, 8.

del tetto[37]. Nel terzo capitolo del quarto libro, dedicato al capitello dorico, il termine è impiegato per descrivere la *successione* degli elementi dei triglifi[38]. Nella ricapitolazione finale del testo dedicato ai templi, prima di trattare degli altari, *ordine* e *simmetria* sono citati per essere stati usati nel testo sulla descrizione dei templi[39]. Nel quinto libro, al quarto capitolo, dedicato all'armonia musicale, il termine è citato a proposito degli intervalli musicali con il significato di *consecutivo*[40] e di nuovo con il medesimo significato, poco più oltre a proposito degli intervalli[41]. Nel quinto libro, trattando dei vasi risonanti da porre nei teatri e della successione degli *intervalli armonici*, il significato è di nuovo *consecutivo*[42]. Nel libro sesto al primo capitolo, dedicato all'influenza del clima sull'architettura, il termine è impiegato per significare la *successione* delle posizioni geografiche delle nazioni, dalle quali deriverebbero i diversi toni della voce degli abitanti[43]. Nel settimo libro è riportata la storia di Aristofane

---

37 *Ita unaquaeque res et locum et genus et ordinem proprium tuetur*, *De Arch.*, IV, 2, 2.

38 *Una in medio deformetur femur, quod Graece* meros *dicitur; secundum eam canaliculi ad normae cacumen inprimantur; ex ordine eorum dextra ac sinistra altera femina constituantur; in extremis partibus semicanaliculi intervertuantur*, ivi, IV, 3, 5.

39 *Omnes aedium sacrarum ratiocinationes, uti mihi traditae sunt, exposui ordinesque et symmetrias eorum partitionibus distinxi, et quorum dispares sunt figurae et quibus discriminibus inter se sunt disparatae, quoad potui significare scriptis, exposui*, ivi, IV, 8, 7.

40 *Chromati duo hemitonia in ordine sunt composita*, ivi, V, 4, 3.

41 *Non enim inter duo intervalla, cum chordarum sonitus aut vocis cantus factus fuerit, nec in tertia aut sexta aut VII possunt consonantiae fieri, sed, uti supra scriptum est. diatessaron et diapente et ex ordine disdiapason convenientiae ex natura vocis congruentis habent finitiones*, ivi, V, 4, 9.

42 *Ita ex his indagationibus mathematicis rationibus fiant vasa aerea pro ratione magnitudinis, theatri, eaque ita fabricentur, ut cum tangantur sonitum facere possint inter se diatessaron diapente ex ordine ad disdiapason*, ivi, V, 5, 1.

43 *Item a medio in ordinem crescendo ad extremos septentriones sub altitudines caeli nationum spiritus sonitibus gravioribus a natura rerum exprimuntur*, ivi, VI, 1, 6.

(critico, 217-180 a.C.), che era stato scelto come membro della giuria di un premio letterario dedicato alle muse e ad Apollo per la sua diligenza nella lettura dei libri «ex ordine»[44], evidentemente si tratta della *sequenza di lettura.* Poco più avanti «ordo» viene di nuovo impiegato con il significato di *posizione* consecutiva in una serie, a proposito della posizione della gara dei poeti nella successione dei giochi[45]. Nel decimo libro, al capitolo secondo dedicato alle macchine, nella descrizione di un sistema di carrucole, detto in greco αμφιερεν[46], il termine «ordo» è impiegato con il significato di *serie di carrucole*[47] e nuovamente con lo stesso significato poco più oltre[48]. Ancora con il significato di *fila di uomini*[49] impiegati nella movimentazione di un sistema di carrucole. Nello stesso libro, al capitolo sesto dedicato ad una macchina idraulica, la vite ad acqua, il termine occorre per spiegare la corretta disposizione delle parti, con il significato di *successivo*[50]. Infine nel tredicesimo capitolo del decimo libro, de-

---

44 *Tunc ei dixerunt esse quendam Aristophanen, qui summo studio summaque diligentia cotidie omnes libros ex ordine perlegeret*, ivi, VII, *Praefatio*, 5.

45 *Primo poetarum ordine ad certationem inducto cum recitarentur scripta, populus cunctus significando monebat iudices, quod probarent*, ivi, VII, *Praefatio*, 6.

46 Per le scritture di codesta parola greca nelle diverse edizioni vitruviane si veda, L. MARINI, *Vitruvi de architectura libri decem*, In Pompei Theatro, Romae 1836, vol II, p. 69.

47 *In his autem machinis trocleae non eodem sed alio modo comparantur. Habent enim et in imo et in summo duplices ordines orbiculorum*, ivi, X, 2, 6.

48 *Trocleae ternos ordines orbiculorum in latitudine habentes conlocantur*, ivi, X, 2, 8.

49 *Ita tres ordines hominum ducentes sine ergata celeriter onus ad summum perducunt*, *De Arch.*, X, 2, 9.

50 *Deinde traicitur oblique ad insequentes longitudinis et circumitionis decusis, item ex ordine progrediens singula puncta praetereundo et circum involvendo conlocatur in singulis decusationibus, et ita pervenit et figitur ad eam lineam recedens a primo in octavum punctum, in qua prima pars est eius fixa*, *De Arch.*, X, 6, 2.

dicato agli assedi, il termine compare con il significato di *ricorso* di pietre in un muro[51].

Lo spettro dei significati adottati per il termine «ordo» nel *De Architectura* denota una certa variabilità, che possiamo ritenere quasi coincidente con quella del termine ordine in italiano. Occorre notare in ogni caso che il termine non è impiegato mai per descrivere le prescrizioni riguardanti il sistema specifico di relazioni metriche delle parti di una colonna e del suo capitello, è invece utilizzato sistematicamente per questo, come si è notato in precedenza, il termine «genus». Possiamo quindi affermare che in Vitruvio il termine «ordo» non assume mai il significato di *ordine architettonico*. La tradizione rinascimentale ha invece sistematicamente adottato, a partire da un certo momento, la parola *ordine* a significare quello che Vitruvio descriveva come «genus», operando quindi una censura sul termine «genus» e tralasciando inoltre di considerare con la dovuta attenzione quello che Vitruvio descriveva con «ordo».

---

51 *Posteaquam non habuerunt ad demolitionem ferramenta, sumpserunt tignum idque manibus sustinentes capiteque eius summum murum continenter pulsantes summos lapidum ordines deiciebant, et ita gradatim ex ordine totam communitionem dissipaverunt*, ivi, X, 13, 1.

Fig. 11 J.L.R. ALEMBERT, R. BENARD, D. DIDEROT, *Recueil de Planches sur les Sciences, les Arts Libéraux, et les Arts Méchaniques, avec leur explication*, Chez Briasson, Paris 1762, XVIII, Tav. VI, *Bases de cinq Ordres avec celle nomèe Attique.*

Fig. 12 *Alcune opere d'architettura di Iacomo Barotio da Vignola racolte et poste in luce da* F. VILLAMENA, *s.e.*, Roma 1617, tav. XXVIII, *Basamento Ionico.*

Infondatezza del concetto di ordine architettonico

La tesi centrale di questo libro è quindi l'infondatezza filologica, e quindi l'inconsistenza semantica, del concetto di *ordine architettonico.* Questo tentativo di negazione dell'*ordine* potrebbe sembrare la forma più decisa di *trasgressione*, ma in questo caso si propone la sostituzione del termine più che una sua negazione; ovvero si tratta di *delegittimare* la *trasgressione* formale rispetto al presunto *ordine*, piuttosto che delegittimare l'*ordine* stesso, dimostrando che l'ordine architettonico non esiste. La tesi trae origine dalla *lettura attenta* del *De Architettura* ed è stata già anticipata, seppur sinteticamente, in un contributo teorico.[52] Ebbene, la tesi inversa e universalmente accettata sostiene che Vitruvio nel *De Architectura*, dedicato ad Ottaviano Augusto prima del 27 a. C., e avesse dettato *more militare* le regole ferree degli *ordini* architettonici da seguire ovunque nell'impero, quasi un'emanazione della «*divina tua mens et numen, imperator Caesar*»[53]. La lettura del testo rivela invece qualcosa di sorprendente. Nel quarto libro l'autore descrive i capitelli delle colonne, ed è qui che lo troviamo intento a dare una spiegazione – tra storia e semiologia – dei *generi* architettonici. Dico *genere* perché, nonostante le successive traduzioni e interpretazioni, Vitruvio parlando di ordini architettonici non usa mai la parola «ordo», ma il termine «genus», molto più morbido, classificatorio più

---

[52] A. CAMIZ, *Genere ed elenco. Tecniche compositive e significazione architettonica*, in *Questioni di progettazione*, a cura di R. PANELLA, Gangemi, Roma 2004, pp. 102-115.

[53] VITRUVII, *De architectura*, I, 1, *Vitruvius on architecture*, based on the Harleian MS 2767, translated into English by F. GRANGER, Harvard University Press & William Heinemann Ltd, London-Cambridge, Massachusetts 1962.

che normativo, rivelando un atteggiamento sostanzialmente scientifico più che prescrittivo.

E columnarum enim formationibus trium generum factae sunt nominationes, dorica, ionica, corinthia, e quibus prima antiquitus dorica est nata.[54]

E' dichiarato esplicitamente che i *generi* delle forme delle colonne sono tre ed è messa in evidenza la sequenza storica della loro *genesi*, ma il testo prosegue con il racconto della nascita del *genere* dorico.

Et primum Apollini Panionio aedem, uti viderant in Achaia, constiuerunt et eam Doricam appellaverunt, quod in Dorieon civitatibus primum factam eo genere viderunt. In ea aede cum voluissent columnas conlocare, non habentes symmetrias earum et quaerentes quibus rationibus efficere possent, uti et ad onus ferendum essent idoneae et in aspectu probatam haberent venustatem, dimensi sunt virilis pedis vestigium et id retulerunt in altitudinem. Cum invenissent pedem sextam partem esse altitudinis in homine, item in columnam transtulerunt et, qua crassitudine fecerunt basim scapi, tanta sex cum capitulo in altitudinem extulerunt. Ita dorica columna virilis corporis porportionem et firmitatem et venustatem in aedificis praestare coepit.[55]

Il *genere* dorico, il più antico secondo Vitruvio che si fa latore di una tradizione precedente, trarrebbe origine dall'analogia formale con il *corpo* maschile in uno specifico contesto, secondo il rapporto tra la lunghezza del piede e la sua altezza, così com'era noto agli scultori, nel rapporto di 1 a 6. Ecco comparire la descrizione storica coniugata ad

54 *De arch.*, IV, 1, 3.
55 Ivi, IV, 1, 5-6.

un'interpretazione simbolica, però non è rintracciabile il concetto di *ordine* in questa descrizione. Il passo contiene piuttosto la *summa* della capacità evocativa e creativa delle forme plastiche architettoniche. Le proporzioni erano finalizzate a comunicare altro, utilizzando il dato metrico come strumento allusivo, proprio come la migliore tradizione letteraria greca faceva con la metrica, ρυθμος, strumento evocativo capace di suggerire stati d'animo, paesaggi, suoni, situazioni ed elemento fondamentale della ποιησις. Si tratta di uno strumento analogo all'armonia musicale, dove il rapporto tra le lunghezze della corda secondo proporzioni semplici equivale a intervalli sonori significativi. La *misura* è quindi l'elemento fondamentale della *composizione* letteraria, musicale e anche architettonica. Con la storia della nascita del *genere* ionico Vitruvio approfondisce ulteriormente il tema:

Item postea Dianae constituere aedem, quaerentes novi generis speciem isdem vestigiis ad muliebrem transtulerunt gracilitatem, et fecerunt primum columnae crassitudinem octava parte, ut haberet speciem excelsiorem. Basi spiram subposuerunt pro calceo, capitulo volutas uti capillamento concrispatos cincinnos praependentes dextra ac sinistra conlocaverunt et cymatiis et encarpis pro crinibus dipositis frontes ornaverunt truncoque toto strias uti stolarum rugas matronali more dimiserunt, ita duobus discriminibus columnarum inventionem, unam virili sine ornatu nudam speciem, alteram muliebri. Subtilitateque iudiciorum progressi et gracilioribus modulis delecati septem crassitudinis diametros in altitudinem columane doricae, ionicae novem constituerunt. Id autem quod Iones fecerunt primo, Ionicum est nominatum.[56]

Ancora più esplicito qui il concetto di *analogia*, che diviene espressivo per le forme stesse oltre che per le loro proporzioni.

---

56 *De arch.*, IV, 1, 7-8.

Il *genere* ionico è interpretato come successivo al dorico e dovuto alla ricerca di un *nuovo genere*. Possiamo pertanto riconoscere figure allusive alle vesti femminili nelle scanalature della colonna, ai riccioli femminili per le volute del capitello, la base è intesa come una scarpa e ancora le proporzioni analoghe a quelle di un *corpo* femminile nel rapporto tra piede e altezza di 1 a 8. Secondo Vitruvio le proporzioni furono in seguito modificate, per motivi di gusto, da 1/8 ad 1/9 per il *genere* ionico, e da 1/6 ad 1/7 per il *genere* dorico. Nel testo citato non s'individua nessun elemento normativo, piuttosto si riconosce l'evocazione poetica delle proporzioni del corpo umano: addirittura è spiegata l'adozione di proporzioni modificate rispetto alla regola analogica rigorosa, per una precisa *volontà di forma*, slegata quindi dalla pura *mimesi*, e orientata piuttosto verso un gusto stilistico valido di per sé, tanto da *trasgredire*, sia consentito il termine, il *genere* e modificarlo con una precisa intenzione estetica orientata verso la snellezza. Forse il passaggio da proporzioni tozze a quelle più snelle denota, oltre ad un mutato gusto, anche una migliore capacità tecnologica: potremmo dire che le due cose, *struttura* produttiva e *sovrastruttura*, erano, in questo caso, un'espressione coerente dell'altra. Sarà la descrizione vitruviana del *genere* corinzio ad approfondire il *meccanismo* analogico delle proporzioni con riferimento al *corpo* umano.

Tertium vero, quod Corinthium dicitur, virginalis habet gracilitatis imitationem, quod virgines propter aetatis teneritatem gracilioribus membris figuratae effectus recipiunt in ornatu venustiores. Eius autem capituli prima inventio sic memoratur esse facta. Virgo civis Corinthia iam matura nuptiis inplicata morbo decessit. Post sepulturam eius, quibus ea virgo viva poculis delectabatur, nutrix collecta et conposita in calatho petulit ad monumentum et in summo conlocavit et, uti ea permanerent diutius subdiu, tegula texit. Is calanthus fortuito supra acanthi radicem fuerit conlocatus. Interim pondere pressa radix acanthi media folia et cauliculos circum vernum tempus profudit, ciuius cauliculi secundum calathi latera crescentes et an anguli tegulae ponderis necessitate expressi flexuras in extremas partes volutarum facere sunt coacti. Tunc Callimachus qui propter elegantiam et subtilitatem artis marmoreae ab Atheniensibus catatechnos fuerat nominatus, praetereiens hoc monumentum animadeverit eum calathum et circa foliorum nascentem teneritatem, delectatusque genere et formae novitate ad id exemplar columnas apud Corinthios fecit symmetriasque constituit; ex eo in operis perfectionibus Corinthi generis distribuit rationes.[57]

Le *proporzioni virginali* sono adottate come strumento evocativo di un evento storico da commemorare ed è quindi nuovamente la *flessibilità* del linguaggio architettonico a diventare strumento di comunicazione. Non si tratta di prescrizione, ma piuttosto di un'*ermeneutica* delle forme. Il medesimo principio plastico dell'analogia con il *corpo* umano diventa strumento fondamentale di significazione[58] ed è esplicitato chiaramente anche per l'intero edificio nel libro III, utilizzando sempre proporzione e simmetria.

Aedium compositio constat ex symmetria, cuius rationem diligentissime architecti tenere debent. Ea autem paritur a proportione, quae graece analogia *dicitur. Proportio est ratae partis membrorum in omni opere totiusque commodulatio, ex qua ratio efficitur symmetriarum. Namque non potest aedis ulla sine symmetria atque proportione rationem habere compositionis, nisi uti ad hominis bene figurati membrorum habuerit exactam rationem.*[59]

---

57 *De arch.*, IV, 1, 8-9.

58 Cfr. J. ONIANS, *Bearers of Meaning. The Classical Orders in Antiquity, the Middle Ages, and the Renaissance*, Princeton University Press, Princeton, New Jersey 1988, pp. 33-40.

59 *De arch.*, III, 1, 1.

S'intendeva dunque seguire un principio: dedurre la bellezza e l'equilibrio dalle proporzioni e dalla simmetria del corpo umano. L'*analogia* diventava dunque lo strumento principale per l'attuazione di un *programma estetico.*

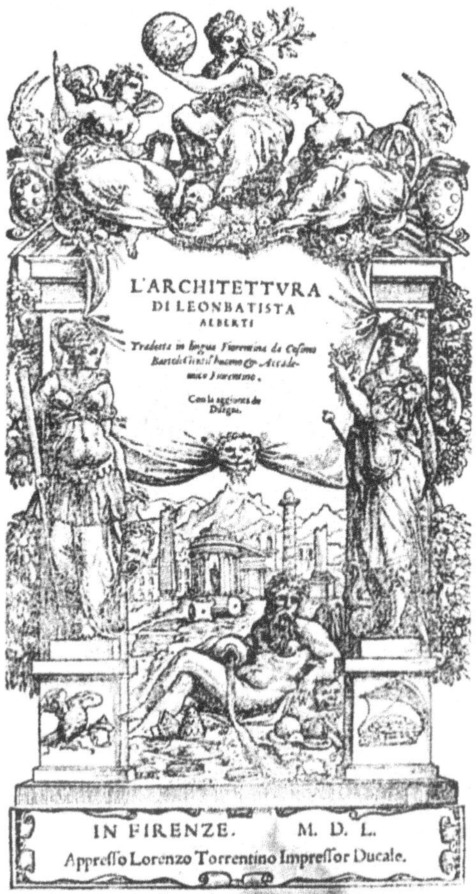

Fig. 13 L.B. ALBERTI, *L'Architettura,* Appresso Lorenzo Torrentino, Firenze 1550, *Frontespizio.*

Fig. 14 *Regole generali di architettura di Sebastiano Serlio bolognese sopra le cinque maniere de gli edifici, cioe, thoscano, dorico, ionico, corinthio, e composito, con gli essempi de l'antiquita, che per la maggior parte concordano con la dottrina di Vitruvio*, per Pietro de Nicolini da Sabbio, in Vinegia, 1551, p. 27.

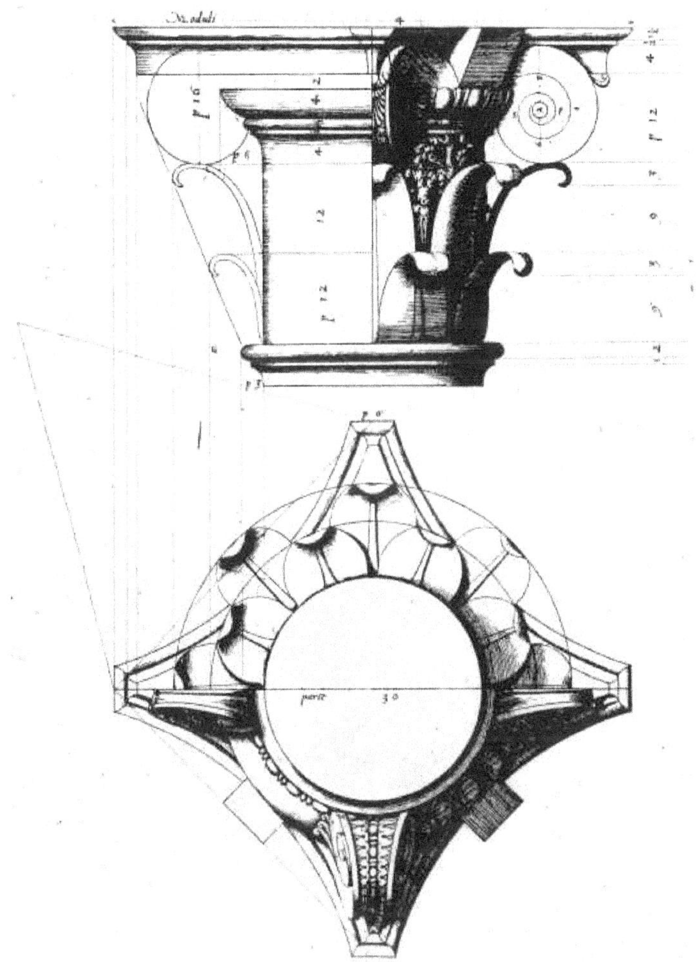

Fig. 15 *Alcune opere d'architettura di Iacomo Barotio da Vignola racolte et poste in luce da* F. VILLAMENA, s.e., Roma 1617, tav. XXVIII, *Pianta et profilo del capitello composito.*

L'interpretazione di Palladio

Il Palladio nel trattato parla «De' cinque ordini, che usarono gli antichi», opera una vera sostituzione di senso e aggiunge due nuovi termini.

> *Cinque sono gli ordini de' quali gli Antichi si servirono, cioè il Toscano, Dorico, Ionico, Corinthio, e Composito. Questi si deono cosi nelle fabriche disporre, che'l più sodo sia nella parte più bassa: perche sarà molto più atto à sostentare il carico, e la fabrica venirà ad auere basamento più fermo: onde sempre il Dorico si porrà sotto il Ionico: il Ionico sotto il Corinthio; & il Corinthio sotto il composito.*[60]

Nella diversa nomenclatura adottata da Palladio, si parla ora di *ordini* e non più di *generi.* E' riconoscibile nel testo anche un carattere normativo, evidentemente privo della significazione alta del testo precedente: si tratta ora di *imitare gli antichi* e non più di ricercare i canoni della bellezza desumendoli dalla *natura.* Occorre notare in tal senso l'impiego nel testo palladiano della maiuscola di Antichi, a suggerire un'autorità indiscussa da imitare, ma un'autorità sostanzialmente incompresa dal punto vista poetico. Come, quando e chi è passato dal concetto di «genus» al concetto di «ordo» in architettura ? In quale momento storico si passa dal carattere descrittivo scientifico e poetico a quello esclusivamente mimetico e normativo?

---

[60] *I quattro libri dell'architettura di* ANDREA PALLADIO. *Ne' quali, dopo un breve trattato de' cinque ordini, & di quelli avertimenti, che sono piu necessarii nel fabricare; si tratta delle case private, delle Vie, de I ponti, delle Piazze, de i Xisti et de' Tempii*, Appresso Domenico de Franceschi, Venetia, 1570, I, xii, p. 15.

I due termini, assolutamente contrapposti e forse rivelatori di un diverso *modo di produzione artistica*, possono essere qui sintetizzati nella contrapposizione antinomica di *imitatio naturae vs. imitatio antiquitatis.*

Fig. 16 G.B. PIRANESI, *Le Antichità Romane*, Nella stamperia Salomoni alla piazza di S. Ignazio, Roma 1784, IV, tav. XXIII, *Dimostrazione in grande di alcune parti del primo ordine interiore del Panteon.*

Fig. 17 *Incipit* del *De re aedificatoria*, Biblioteca del Capitolo del Duomo di Olomuc, Moravia, Ms. *lat.* CO 330, f. 2r, miniatura di A. DEGLI ATTAVANTI (Firenze, post 1483)

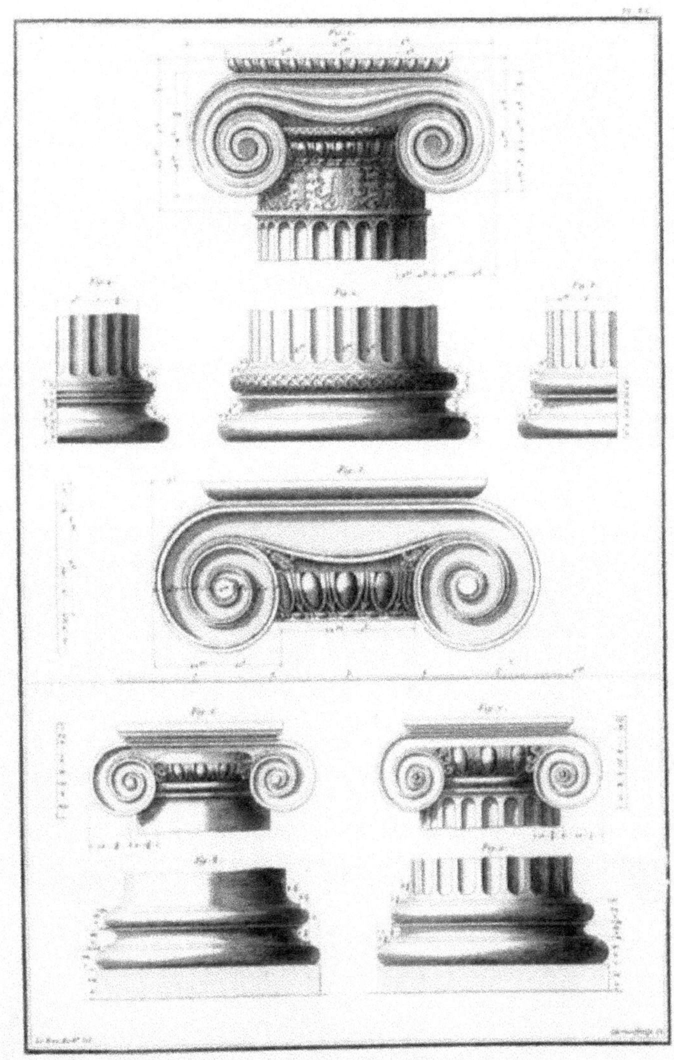

Fig. 18 J.D. LE ROY, *Les Ruines Des Plus Beaux Monuments De La Grèce: Ouvrage Divisé En Deux Parties Où L'On Considere*, H. L. Guerin & L. F. Delatour, Paris 1770, I, tav. XXXI, p. 51.

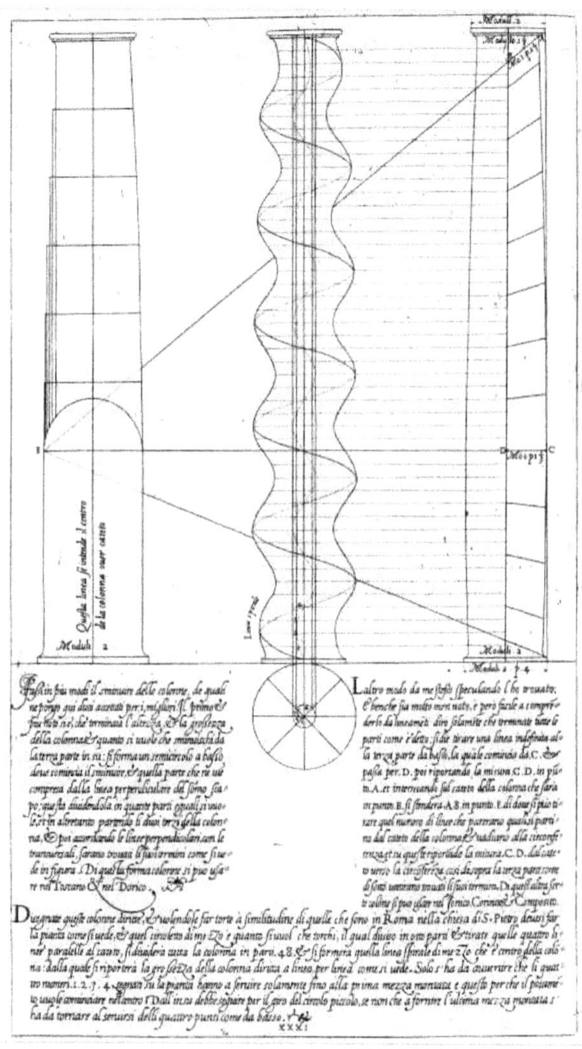

Fig. 19 *Alcune opere d'architettura di Iacomo Barotio da Vignola racolte et poste in luce da* F. VILLAMENA, s.e., Roma 1617, XXXI, *Lo sminuire delle colonne.*

Leonbattista Alberti

Per individuare il momento storico in cui avviene il passaggio tra le due diverse interpretazioni di *ordine*, occorre andare indietro dal Palladio fino all'Alberti[61]: l'esame del *De Re Aedificatoria* rivela, infatti, alcune variazioni significative nei termini adottati dall'autore per la descrizione dell'*ordine*, denotando pertanto un preciso atteggiamento filosofico. Alberti, nell'edizione latina, descrive il capitello dorico, ionico e corinzio ma non impiega il termine «ordo»[62]. Per altro il testo è ispirato a quello Vitruviano, compare, infatti, per il *genere* corinzio la medesima narrazione dell'episodio di Callimaco. Tuttavia nella trascrizione albertiana rimane in alcune parti il termine «genus», anche se spesso l'autore preferisce utilizzare il termine «capitulum», ovvero il capitello, con il riferimento alla sua provenienza geografica. La nozione sessuata del *genere* passa in secondo piano, anzi scompare del tutto, si tratta di *generi di capitelli*, non di un'*analogia di genere*, ovvero maschile, femminile, virginale. Tra le altre cose nel testo albertiano non compare il termine *virginale* per la spiegazione del *genere* corinzio: il termine occorre una sola volta nel testo ma in un altro contesto[63]. La descrizione del *genere* corinzio[64] omette del tutto l'analogia con il *corpo* umano e

---

61 L.B. ALBERTI, *L'architettura (De re aedificatoria)*, testo latino e traduzione a cura di GIOVANNI ORLANDI, Edizioni Il polifilo, Milano 1966.

62 *Tria igitur capitulorum genera inuenta sunt quæ peritorum usus reciperet: Doricum tametsi hoc ipsum apud vetustissimos ætruscos in usu fuisse comperio doricum in qua ionicum et corynthium*, L. B. ALBERTI, *De re aedificatoria*, Firenze 1485, VIII, f. 323. The Archimedes project. Digital research library.

63 *Virginum claustra neque intra urbem si posita sint vitupero: neque omnino extra urbem laudo*, ivi, IV, f. 148.

64 *Corynthiorum. n. festiuitati adiunxit delitias ionicas: et ansarum loco pendentes conuolutas affixit: opus gratum et perquam ualde probatum: Columnas quæ ad operis elegantiam facerent sic instituerant. Namque doricis quidem capitulis columnas deberi eas dixere: quarum ima sui crassitudo septies sumpta longitudinem sui quæ a summo*

tratta solo le proporzioni senza entrare nel merito del loro significato. Abbiamo individuato già uno spostamento semantico notevole, dalla descrizione classificatoria del Vitruvio che adotta il *genere* (sesso) come criterio formale ad una semplice provenienza stilistica: secondo l'usanza dei dori, degli ioni etc. Eppure Alberti, accorto filologo, aveva avuto accesso al testo vitruviano, scoperto da Poggio Bracciolini nel 1416, e l'omissione del termine «genus» non dovrebbe essere una svista, forse un'auto-censura o una vera censura per ottenere il *placet* della corte estense alla quale era dedicato, com'è noto, il volume. Questo primo slittamento semantico subirà una successiva manipolazione per arrivare finalmente al concetto di *ordine architettonico*. Occorre evidenziare che anche nel *De Re Aedificatoria* non occorre mai il termine «ordo» a proposito dei *generi* architettonici[65]. Il suo significato sembra allinearsi con quello del testo Vitruviano. Riassumendo Alberti nel *De Re Aedificatoria*, (1452 ca.) non usa il termine *ordine* con riferimento agli stili, Palladio lo usa invece nel 1570, Alberti elimina il vero significato di *genere* pur mantenendo il termine. Si è verificata dunque una prima omissione semantica da parte dell'Alberti, indicativa di un atteggiamento mentale già orientato alla funzione impositiva e limitativa della capacità espressiva, ma anche censoria, del carattere sessuato del *corpo* maschile, femminile e virginale, come metafora sostanziale dell'architettura[66]. Alberti

---

est usque ad imum æquet. Ionicis imam crassitudinem capere nonam suæ longitudinis partem uoluere. Coryn hiis uero capitulis columnam octo sui crassitudines longam substituere, L.B. ALBERTI, *De re aedificatoria*, Firenze 1485, VIII, f. 233.

65 Analisi occorrenze condotta su: L.B. ALBERTI, *De re aedificatoria*, Firenze 1485, online edition, The Archimedes project, Digital research library.

66 Per ulteriori aspetti della analisi testuale del *De Re Aedificatoria*, vedi anche A. CAMIZ, *Loci adrianei nel De Re Aedificatoria di Leon Battista Alberti*, in Premio Piranesi. Progetti per Villa Adriana, Themenos, vol. 4, CLUP, Milano 2005, pag. 87-95.

illustra la metafora dell'architettura[67] come corpo, ma non cita mai, come fa Vitruvio, il carattere sessuato della nozione di corpo, ove le sue *proporzioni* variano significativamente al variare del *genere*. Seguirà una tradizione letteraria che, adottando l'italiano, accoglierà evidentemente il termine *ordine* nel suo dizionario corrente con preciso riferimento alle colonne e ai capitelli in sostituzione di *genere* e dell'analogia con il corpo; fino a che, avendo superata l'ambiguità semantica, sarà adottato definitivamente il significato di *ordine*. Nel periodo che intercorre tra Alberti e Palladio avvengono alcune cose importanti: la pubblicazione del Trattato di architettura di Antonio Averulino, detto il Filarete e le numerose traduzioni in italiano di Vitruvio, tra le quali l'opera di Cesare Cesariano, edita a Como nel 1521. Antonio Averulino scrive tra il 1461 e il 1464 il *Trattato di Architettura*[68] composto di venticinque volumi. Si tratta del primo trattato di architettura in volgare, non una traduzione di Vitruvio, ma una vera *riscrittura* con una nuova interpretazione del testo. Il Filarete dichiara nel primo libro di voler mantenere la terminologia vitruviana[69] e i significati ad essa sot-

---

67 *Nam ædificium quod corpus quoddam esse animadvertimus: quod linea mentis veluti alia corpora constaret & materia*, L.B. ALBERTI, *De re aedificatoria*, Firenze 1485, VIII, f. 4.

68 A. AVERULINO, *Trattato di architettura*, a cura di A.M. FINOLI E L. GRASSI, Il Polifilo, Milano 1972, 2. voll, versione online. © 2005 Signum - Scuola Normale Superiore di Pisa Powered by TReSy © 2000 | 2001 CRIBeCu.

69 «E secondo che ne' proporzionati è universale grandezza e parvità e mezzanità, da loro piglieremo la misura. E così credo che gli antichi da questi la pigliassero, e noi ancora piglieremo questo ordine per migliore modo e dichiarirelle a parte a parte in modo, credo, che ciascheduno le potrà intendere. E perché noi in prima da' Greci abbiamo queste misure, come loro da quelli d'Egitto e dalli altri l'ebbero, così noi da loro l'appelleremo. E perché ancora esso Vetruvio così l'appella, seguiteremo adunque l'ordine d'essi, e così noi Doriche, Joniche e Corinte appelleremo le dette misure, proporzioni e qualità, e così le dichiareremo quanto a noi sarà possibile», A. AVERULINO, *Trattato di architettura*, Libro I, pp. 16-17, ©

tesi: quindi non accetta ancora la nozione di ordine architettonico. L'analisi delle occorrenze del termine *ordine* nella traduzione italiana di Vitruvio, scritta da Cesare Cesariano, edita a Como nel 1521, rivela la sostanziale coincidenza dei significati adottati nel testo vitruviano. Il Cesariano impiega *ordine* per tradurre «ordo», quasi in tutte le occorrenze del termine[70]. Per tradurre «genus» è adottato il termine "generatione"[71], ma non abbiamo rinvenuta alcuna occorrenza del

---

2005 Signum - Scuola Normale Superiore di Pisa Powered by TReSy © 2000 | 2001 CRIBeCu.

70 C. CESARIANO, *Di Lucio Vitruvio Pollione De architectura libri dece traducti de latino in vulgare*, Como 1521; «instituite le altre consuetudine del ordine», ivi., f. 017, r. 5; «et publici aedificii insequirà lo ordine», ivi, f. 30, r. 24; «Ma si alcuno del ordine de questo libro haverà voluto», ivi f. 33r, r. 10; «aduncha così con lo suo ordine et loco serà la constitutione», ivi, f. 33r, r. 22; «adesso sequita explicare lo ordine de le lapidicine», ivi, f. 37v, r. 5; «che così non a cumulatamente ma per ordine constructa l'opera», ivi, f. 39r, r. 20; «symmetrie et proportione sì como lo ordine rechiede in lo sequente libro», ivi, f. 46r, r. 39; «il loco et la generatione et ordine proprio fu conservato», ivi, f. 63r, r. 18; «la dorica symmetria. Ma non sì como lo ordine richiede», ivi , f. 64v, r. 24; «la cima de la norma siano impressi dal ordine de epse, da la dextra anche sinira», ivi, f. 65r, r. 14; «a lo chroma dui emitonii in ordine sono compositi», ivi, f. 76v, r. 26; «il diapente convenienti per ordine al disdiapason», ivi, f. 78r, r. 25; «tra epsi del diatesserron diapente per ordine al disdiapason», iv*i*, f. 79r, r. 7; «e li soni, anchora del mezo in lo ordine crescendo a li extremi», ivi, f. 94v, r. 7; «studio et summa diligentia ogni dì per ordine perlegesse tuti li libri», ivi, f. 108r, r. 13; «Essendo li poeti inducti in lo primo ordine a la certatione recitando», ivi, f 108r, r. 17. Analisi testuale condotta su © 2005 Signum - Scuola Normale Superiore di Pisa, Powered by TReSy © 2000 | 2001 CRIBeCu.

71 *De le tre generatione de columne: et loro origini et inventione capo primo*, C. CESARIANO, *De arch.*, IV, 1, f. 60v, rr. 1-2; «Per che epsa corynthia generatione non habia havuto una propria institutione de le corone et de li altri ornamenti», ivi, f. 60v, rr.12-14; «Così de quelle due generatione per lo interposito capitello la tertia generatione in le opere é procreata», ivi., f. 60v, rr.17-18; «Per che de le formatione de le tre generatione de columne

termine *genere.* Il Cesariano, diversamente dall'Alberti, utilizza il termine "generatione"[72] e sembra in ogni caso mantenere la nozione di *ordine* così come utilizzata in Vitruvio, senza quindi introdurre ancora il concetto di *ordine architettonico.* Abbiamo quindi individuato in Alberti, diversamente dagli altri autori, un primo e parziale discostamento dalle nozioni Vitruviane di *ordine* e *genere.* Forse a partire dalle traduzioni italiane dell'opera di Alberti, redatta in latino, si sono affermate le diverse tradizioni di *ordine architettonico.* Per approfondire la ricerca sarà utile indagare i termini impiegati per tradurre «ordo» e «genus» nella prima traduzione italiana manoscritta del *De Re Aedificatoria* di Alberti fatta da Damiano Pieti[73], quella di Pietro Lauro edita a

---

son facte le nominatione, cioè dorica ionica corynthia, da le quale la dorica prima e più antiquamente é nata», ivi, f. 60v, rr. 19-21; «Et questo in Argi vetusta civita de Iunone edificio il phanato templo de epsa generatione di forma perfortuito, dopoi con queste medeme generatione in tute le altre civitate di Achaia cum non fusse anchora nata la ratione de le simmetrie», ivi, f. 60v-61r; «Et epsa dorica la appellarno, per che in le civita de li Dorici primamente facta de quella generatione l'haveano veduta", ivi, f. 61r, rr. 21-22; «Dopoi anchora constituirno la aede a la Diana cercando una specie de nova generatione», ivi, f. 61r, rr. 32-33; «Ma sono anchora altre generatione de capitelli, quali con quelle medeme columne sono impositi et con varii vocabuli nominati, de li quali né le proprietà de le symmetrie né le altre generatione de columne», ivi, f. 63r, rr. 1-5.

72 «De li ornamenti de le columne et loro origine capo secundo. Ma per che li origini et inventione de le generatione de le columne sono di sopra scripte a me non appare opera aliena dire con quelle medeme ratione de li loro ornamenti a che modo sono prognati et de quali principi et origini siano trovati posseno nominare, ma da epsi li vocabuli traducti». C. CESARIANO, *De arch.*, IV, 2, f. 62r, rr. 1-8; «et così da epsi origine le symmetrie et le proportione de ciascuna generatione constituite le hano lassate», ivi, f. 63v, rr. 35-36; Analisi testuale condotta su © 2005 Signum - Scuola Normale Superiore di Pisa, Powered by TReSy © 2000 | 2001 CRIBeCu.

73 *De re aedificatoria di Leon Battista Alberti nella prima traduzione italiana eseguita dal parmense Damiano Pieti nel 1538*, Biblioteca Panizzi, MSS. VARI G 3,

Venezia nel 1546[74] e nella successiva traduzione italiana ad opera di Cosimo Bartoli nel 1550[75]. Infine anche la traduzione del Vitruvio di Daniele Barbaro del 1556, mantiene i termini vitruviani e non impiega il termine *ordine architettonico.* Il Barbaro impiega il termine *ordine*, ma ne spiega il significato: «Ordine è moderata attitudine dei membri dell'opera, partitamente, & rispetto a tutta la proporzione al compartimento, il quale si compone di quantità»[76]: tuttavia non impiega il termine per il *capitello* corinzio, ionico e dorico. Per i tre capitelli Barbaro adotta una traduzione fedele e conserva il termine *genere,* così come mantiene la descrizione completa dell'analogia sessuata. «Ma il terzo genere, che Corinthio si chiama, è preso dall'imitazione della sveltezza virginale»[77]. Evidentemente lo spostamento semantico da «genus» ad «ordo», comincia a manifestarsi a partire dal testo albertiano, e probabilmente si diffonde con le sue traduzioni italiane fino ad entrare definitivamente nel vocabolario corrente. Onians aveva individuato, con un'analisi puntuale, la successione dei termini che i vari autori avevano impiegato per descrivere il dorico, ionico e corinzio (*i.e.* quello che Vitruvio chiama «genus»), riconoscendo nel testo di Vitruvio la presenza simultanea di diversi termini a significare lo stesso concetto[78]. In Alberti il concetto assume

---

vedi anche T. CERONE-A. SARDONE, *La prima traduzione del De re aedificatoria di Leon Battista Alberti nel manoscritto di Damiano Pieti, 1538*, [tesi di laurea], Università degli Studi di Firenze, Facoltà di Architettura, anno accademico 1989-1990, 3 vol.

74 P. LAURO, *I dieci libri dell'architettura*, Vincenzo Vaugris, Venezia 1546.

75 C. BARTOLI, *L'architettura di Leonbattista Alberti, tradotta in lingua Fiorentina da Cosimo Bartoli, gentilhuomo & accademico Fiorentino. Con la aggiunta di disegni*, Appresso Lorenzo Torrentino, Firenze 1550.

76 D. BARBARO, *I dieci libri dell'architettura*, F. De Franceschi & J. Criegher, Venezia 1567, p. 27.

77 Ivi, p. 164.

78 *Constituta, genus, mos, opus, ratio*, cfr. JOHN ONIANS, *Bearers of meaning*, p. 37.

invece in latino diverse connotazioni[79], nel testo italiano di Filarete lo stesso concetto è tradotto con "qualità", "maniera", "ragione"[80]. Francesco di Giorgio utilizza il termine "specie"[81]. Infine, è Raffaello ad utilizzare per primo il termine *ordine* con il significato di "ordine architettonico", affiancandolo a "maniera"[82], nella lettera a Leone X[83] dove, con atteggiamento da pittore e non da costruttore, scrive degli *ornamenti* «De' quali non occorre dir altro, se non che tutti derivano dalli cinque ordini che usavano li antiqui; cioè Dorico, Ionico, Corinto, Toscano ed Attico»[84].

---

79 *Genus, Species*, ivi, p. 154.

80 Ivi, pp. 162-163.

81 Ivi, p. 178.

82 Ivi, p. 247.

83 *Scritti d'arte del Cinquecento*, a cura di P. BAROCCHI, III, Einaudi, Milano 1977, pp. 2971 sgg. e in *Scritti rinascimentali di architettura*, a cura di A. BRUSCHI, Il Polifilo, Milano 1978, pp. 469 e sgg.

84 B. CASTIGLIONE E RAFFAELLO a papa Leone X, Cod. It. 37b, Biblioteca di Monaco di Baviera, in *Scritti d'arte del Cinquecento*, a cura di P. BAROCCHI, III, Einaudi, Milano 1977, p. 2983; cfr. Vitruvio, IV, I, 9.

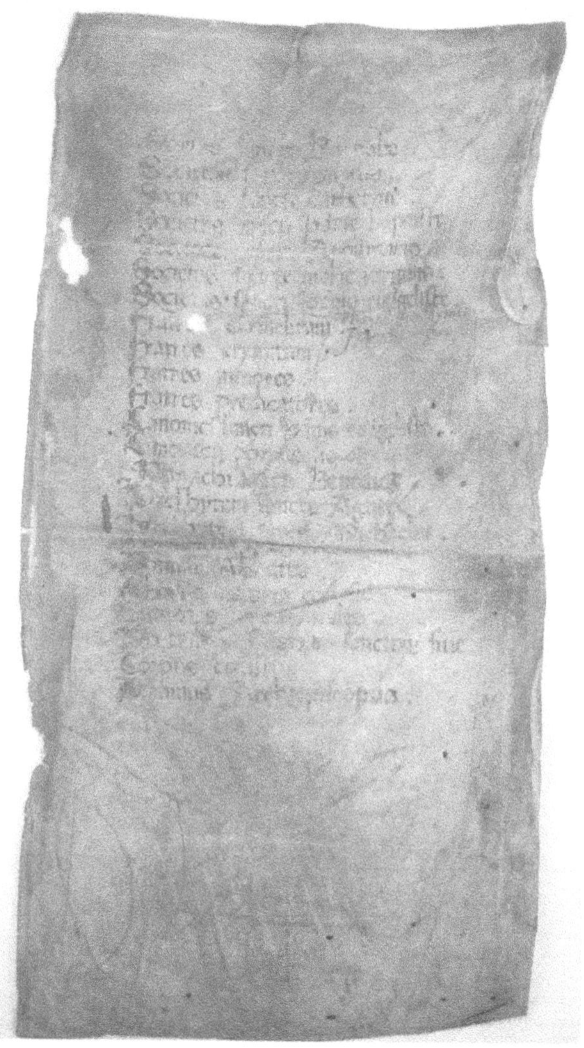

Fig. 21 *Ordo Processionis*, manoscritto su pergamena sec. XIV, Archivio Storico Arcivescovile di Ravenna, pergamena III, *ex capsula* VI.

La nozione di *ordine architettonico* è enunciata dunque da un pittore per la prima volta. Naturalmente la lettera a Leone X, probabilmente scritta intorno al 1519, è redatta dopo la collaborazione di Raffaelo con Fabio Calvo per un'edizione tradotta in italiano del *De Architectura* nel 1514, per la quale Raffaello intendeva disegnare le illustrazioni[85]. Ma già nel 1514 Raffaello impiegava il termine, «disegnerò ne' bianchi le figure che v'hanno a essere e ve farò el frontespizio de ordine dorico con un arco»[86], scrivendo a proposito del manoscritto di Calvo che egli aveva ricevuto[87]. Sarebbe ragionevole supporre che la traduzione del Calvo avesse impiegato il termine *ordine* per descrivere gli stili e che Raffaello, uniformandosi a tale linguaggio e avendo evidentemente letto il manoscritto, si fosse adeguato alla terminologia impiegata. E' ipotesi ragionevole pertanto che la trasposizione dei significati sia da ascrivere al circolo romano-fiorentino, nelle persone di Raffaello e Fabio Calvo. Secondo alcuni il testo tradotto dal Calvo presenta altre errate interpretazioni, come quella sull'applicazione del modulo alla costruzione del tempio[88]. E' quindi verosimile individuare in questo testo la prima introduzione del termine «ordo» in sosti-

85 H.W. KRUFT, *Storia delle teorie architettoniche. Da Vitruvio al Settecento*, Laterza, Roma Bari, 1988; tit. orig. *Geschichte der Architekturtheorie von der Antike bis zur Gegenwart*, Beck, München 1985, p. 71.

86 Lettera di RAFFAELLO a F. CALVO del 15 agosto 1514, da *Scritti d'arte del Cinquecento*, a cura di P. BAROCCHI, III, Einaudi, Milano 1977, p. 2969.

87 Per l'interpretazione dei significati simbolici dei frontespizi dei trattati di architettura vedi: O. CARPENZANO, *Idea immagine architettura. Tecniche di invenzione architettonica e composizione*, Gangemi, Roma 1993, pp. 51-61; O. CARPENZANO, *Notizia preliminare di uno studio condotto su alcuni frontespizi dei trattati di architettura*, «XY. Dimensioni del disegno», 27/28, (1997), p. 72-77.

88 A. POLLALI, *Classical Mistranslations: The Absence of a Modular System in Calvo's De Architectura*,Conference *Revisioning High Renaissance Rome*, University of Edinburgh, April 4-5 2005.

tuzione di «genus»: occorre però prima analizzare il passo relativo ai *generi* per verificare la traduzione dei termini specifici. Il testo del Calvo rivela un certo rigore, almeno in questa parte, e per questo siamo propensi a credere che siano stati altri ad introdurre il termine. Non a caso traduce il passo relativo ai *generi* impiegando i termini *spezie* e *sorte*. «Qual sia la origine et invenzione de le tre spezie e sorte di colonne»[89]. Il passo sui *generi* non ha invece la medesima chiarezza dell'originale, ma mantiene il termine: «Perché dalla forma delle colonne è nata over facta la terza che son tre generazioni di nomi: dorica, ionica, e corinthia»[90]. In seguito è anche descritto il concetto di *genere* impiegando l'analogia sessuata. «Ma el terzo el qual se dice corinthio, ha imitazione dalla virginal gracilità e subtiglieza e gentilezza»[91].

Fra Giocondo, maestro di Raffaello a Roma[92], ha forse trasmesso a Raffaello la nozione di *ordine architettonico*, un termine innovativo quanto censorio, introducendolo nella sua edizione latina del testo vitruviano[93]. Non a caso già Tafuri aveva rileva-

---

89 Bayerische Staatsbibliothek di Monaco, Codice Italiano 37, f. 82r, *Vitruvio e Raffaello. Il "De Architectura" di Vitruvio nella traduzione inedita di Fabio Calvo ravennate*, a cura di V. FONTANA e P. MORACHIELLO, Officina, Roma 1975, p. 168.

90 Codice Italiano 37, f. 82r, *Vitruvio e Raffaello*, p. 169.

91 Codice Italiano 37, f. 84v, *Vitruvio e Raffaello*, p. 171.

92 «Mi ha dato [il papa] un compagno, frate doctissimo e vecchio de più d'octantanni; e 'l papa vede che 'l puol vivere poco: ha risoluto Sua Santità darmelo per compagno, ch'è uomo di gran riputazione sapientissimo, acciò ch'io possa imparare, se ha alcuno bello secreto di architectura, acciò io diventa perfettissimo in quest'arte; ha nome Fra Giocondo», Lettera di Raffaello a Simone Battista di Ciarla, 11 luglio 1514; V. GOLZIO, *Raffaello nei documenti, nelle testimonianze dei contemporanei e nella letteratura del suo secolo*, Arti Grafiche Panetto & Petrelli, Città del Vaticano 1936, p. 32

93 M. VITRUVIUS *per* IOCUNDUM *solito castigator factus, cum figuris et tabula ut iam legi et intellegi possit*, Ioannis de Tridino alias Tacuino, Venetiis 1511.

to che «il testo del teorico latino appare stranamente purgato ed emendato»[94]. La provenienza religiosa di Fra Giocondo ci fa sospettare che abbia trasposto lui il concetto di «ordo» dall'ambito monastico all'architettura, in sostituzione della nozione di *genere.* La lettura del testo rivela la sostanziale coerenza, almeno per quanto riguarda il libro quarto, con il testo originale. Inoltre l'aggiunta dei nomi dei capitoli conferma la lettera del testo[95] e anche il passo con l'analogia virginale è trascritto diligentemente[96]. Infine il Serlio, che è a Roma dal 1514, nel suo IV libro impiega il termine *ordine* «or, per meglio proceder con ragioneuol modo, daro principio dal piu sodo, & meno ornato ordine, ciòè dal Toschano, che è il piu rustico, e'l piu forte, & di minor sottigliezza; e gracilità»[97], anche se altrove e sopratutto nel titolo impiega il termine *maniera.* Siamo pertanto in presenza della conferma letteraria di quanto Raffaello aveva anticipato nelle sue lettere. Allora l'introduzione della nozione di *ordine architettonico* sembrerebbe dovuta ad un linguaggio corrente, non letterario, di ambiente romano nel secondo decennio del Cinquecento che in seguito si sarebbe consolidato con Serlio, Palladio e Vignola.

---

94 M. TAFURI, *Cesare Cesariano e gli studi vitruviani nel quattrocento*, in Scritti rinascimentali di Architettura, a cura di A. BRUSCHI, Il Polifilo, Milano 1978, p. 398.

95 «*De tribus generibus columnarum origines et inventiones*» capoverso del capitolo primo del libro quarto, M. Vitruvius per Iocundum, f. 32r.

96 «*Tertium vero, quod Corinthium dicitur, virginalis habet gracilitatis imitationem, quod virgines propter aetatis teneritatem gracilioribus membris figuratae effectus recipiunt in ornatu venustiores*», ivi, f. 33v.

97 *Regole generali di architettura sopra le cinque maniere de gli edifici, cioe, thoscano, dorico, ionico, corinthio et composito con gli essempi dell'antiquita, che, per la magior parte concordano con la dottrina di Vitruvio*, Venetia 1537, IV, 5; S. SERLIO, *L'architettura. I libri I-VII e Extraordinario nelle prime edixioni*, a cura di F. P. FIORE, II, Il polifilo, Milano 2001.

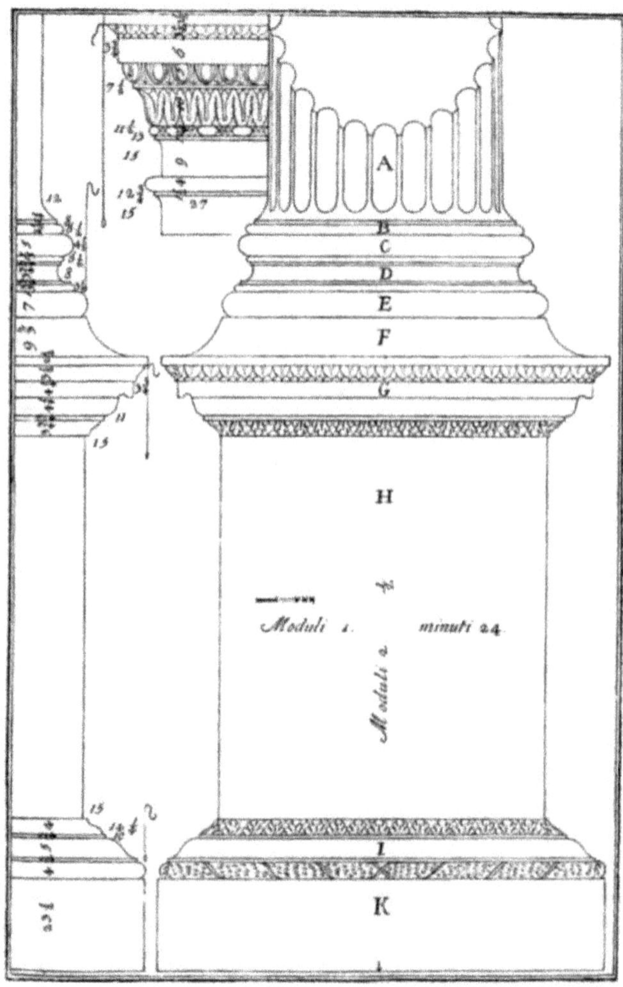

Fig. 22 *I quattro libri dell'architettura di* A. PALLADIO*: ne quali dopo un breve trattato de' cinque ordini, e di quelli avvertimenti, che sono più necessarj nel fabbricare: si tratta delle case private, delle vie, dei ponti, delle piazze, dei xisti, e dei tempj*, Appresso Alessandro Mucci, Siena 1790, Libro I, XVII, *Dell'Ordine Corintio.*

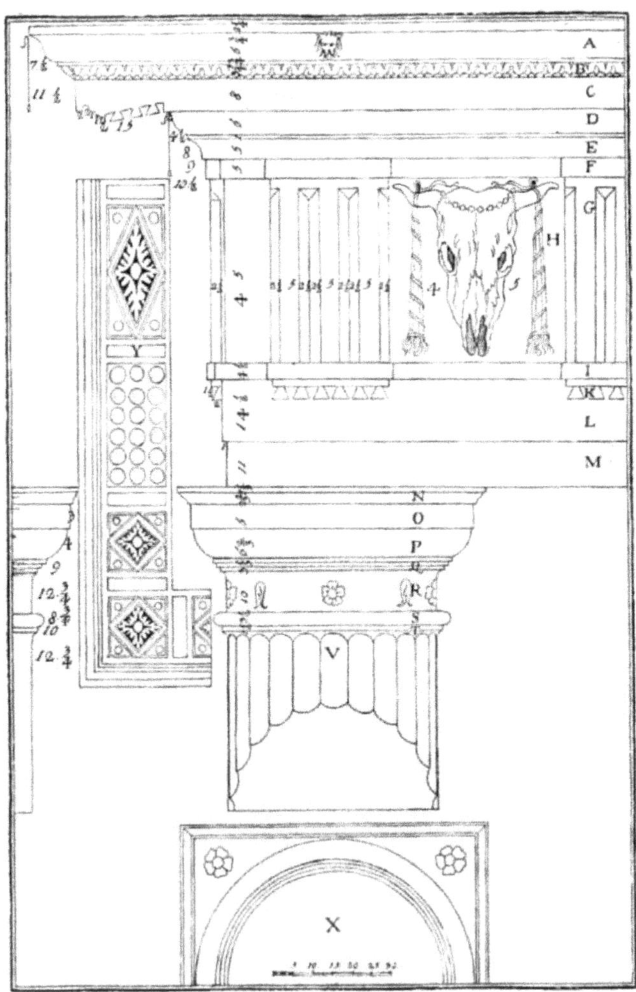

Fig. 23 *I quattro libri dell'architettura di* A. PALLADIO*: ne quali dopo un breve trattato de' cinque ordini, e di quelli avvertimenti, che sono più necessarj nel fabbricare : si tratta delle case private, delle vie, dei ponti, delle piazze, dei xisti, e dei tempj*, Appresso Alessandro Mucci, Siena 1790, Libro I, XV, *Dell'Ordine Dorico.*

Fig. 24 E. CHAMBERS, *Cyclopaedia, or an Universal Dictionary of Arts and Sciences*, James and John Knapton, London 1728, vol. I, p. 135, *Tuscan, Doric, Ionic, Corinthinan, Composite.*

Conclusioni

Una tradizione non erudita, dell'ambito dei pittori, ha trasposto la nozione di «ordo» (con il significato di *serie*, *fila*, *successione*) al significato di *ordine architettonico* come *regola formale per capitelli e colonne*. L'esigenza di rappresentare, disegnare o dipingere questi elementi architettonici ha contribuito alla deriva semantica del concetto, da descrittivo a normativo, in modo da restituire una regola semplificata per la costruzione grafica e per la *mimesi* dell'antico. Quando però il *primato linguistico dei pittori* ha invaso l'architettura, ne ha snaturato i caratteri poetici originari e ha diffuso un concetto, evidentemente moderno, ma che non aveva alcuna radice nell'antico.

Vorrei proporre infine, come ulteriore termine comparativo, un esempio cinese. Nel trattato di Li Chieh, *Ying tsao fa shih*[98] (*Precetti di architettura*, pubblicato a stampa nel 1103) la nozione di *ordine* è sostanzialmente quella rigidamente preordinata della modularità finalizzata alla produzione in serie di elementi costruttivi per la realizzazione dei complessi mensolari e delle altre strutture di legno. Si tratta di un contesto alquanto differente da quello italiano, ma anche qui compare il riferimento alle misure del *corpo* umano.

Nella letteratura medievale cristiana occidentale esistono dei generi letterari specifici, quali l'«ordo missarum» e l'«ordo processionis»[99], una descrizione scritta, ovvero una imposizione

---

98 *Architettura cinese. Il trattato di Li Chieh*, a cura di F. BERTAN e G. FOCCARDI, Utet, Torino 1998; vedi anche L. GAZZOLA, *La casa della Fenice: la città e la casa nella cultura architettonica cinese*, Diagonale edizioni, Roma 1999, pp. 141-148.

99 A. CAMIZ, *Itinerari processionali per la storia della città medievale. Le rogazioni, tra polo arcivescovile e polo comunale nella Ravenna dei secoli XIV- XV*, in El espacio

normativa, della sequenza con la quale dovevano manifestarsi le disposizioni del clero e delle parti sociali nelle pubbliche apparizioni. La natura di un simile dispositivo è chiara ed esplicita, si tratta della garanzia che ogni *individuo* – oppure dovremmo dire ogni *gruppo omogeneo di individui* – occupi una posizione predeterminata, controllabile, riconoscibile, gerarchicamente ordinata e significativamente comunicabile, nelle pubbliche apparizioni della comunità. Tale dispositivo aveva una funzione regolatrice molto importante nella società medievale, caratterizzata da una difficile composizione dei contrasti sociali. E' interessante seguire in parallelo la concezione dell'architettura come corpo – valga come esempio la basilica cristiana concepita come «corpus Christi» – e la concezione della città come insieme di architetture, ovvero insieme di corpi[100]. Quindi l'«ordo processionis» dispone le persone, così come la disposizione statutaria dispone gli edifici. Forse l'ordine «ordo processionis» è un dispositivo di ordinamento sociale che è entrato nell'architettura uscendo dalla chiesa? Nel tema dell'ordine, così come descritto dalla trattatistica architettonica, gli elementi di *trasgressione* corrispondono, da una parte ad una presunta disobbedienza ai canoni antichi, delle fasi manieriste e barocche, ovvero alla riscoperta archeologica dell'antico (lo stile neoclassico). Non a caso si tratta degli stili, rispettivamente, dell'epoca capitalista embrionale, giovanile e matura.

In realtà gli elementi di *trasgressione* di questo libro sono conseguenti alla lettura filologica del testo antico e alla ricerca

---

urbano en la Europa medieval: Nájera. Encuentros Internacionales del Medievo, Nájera, 26-29 de julio 2005, J. Á, SOLÓRZANO TELECHEA, B. ARÍZAGA BOLUMBURU (eds.) Instituto de Estudios Riojanos, Logroño, 2006, pp. 483-508.

[100] Sul tema del corpo vedi: A. AYMONINO, *La città della figure celate*, in *Corpi dell'architettura della città*, a cura di A. CRICONIA, Palombi & Patner Editore, Roma 2004, pp. 144-147.

degli elementi letterari rivelatori di portati ideologici finalizzati alla costruzione della città. Gli elementi di *ordine* sono dettati dalla *trattatistica architettonica* di *epoca capitalista*, che fa uso esteso dell'*antico* come dispositivo di legittimazione: nel caso italiano, antico = impero = ordine sociale. Nel campo architettonico è stata operata una trasposizione di significato, dove *ordine* è diventato *limitazione* della capacità creativa, ma la trasposizione ha fatto ricorso alla letteratura latina come fonte di legittimazione. Paradossalmente secondo questa lettura, la negazione di creatività dell'epoca capitalista, ovvero il *controllo sociale*, sarebbe molto più rigida di quello del primo impero romano. Secondo l'equazione *ordine = generatore di regola formale*, la *trasgressione* diventa *deformità* nell'arte e nell'architettura. Secondo la dizione di *genere*, ovvero proporzione metrica riferita al corpo umano nelle sue diverse declinazioni, la nozione di *bellezza umana* è trasposta nel mondo delle forme architettoniche, selezionando la significatività appunto delle *proporzioni*. La *trasgressione* diventa quindi in ogni caso deformità, mostruosità, degenerazione, poiché ricorre alla categoria dell'«oppositio ad ordinem», come trasposto formale di una disobbedienza sociale. Nel caso in esame il potere politico, attraverso il controllo sulla scrittura, la censura, l'indice, le commissioni per l'approvazione dei testi, ha operato la *manipolazione* dei termini, quindi il riordinamento, attraverso il controllo monopolistico dell'informazione e della *tradizione*.

Nello specifico dell'arte e dell'architettura, nel periodo in cui comincia a venire meno la tradizione diretta della disciplina attraverso l'apprendistato e la bottega, la *cancellazione* di una *tradizione* avviene mediante la sostituzione con una *tradizione falsa* e semplificata, per il controllo totale della città. Esiste quindi un *nuovo* ordine *post-trasgressione*, quello naturale, ovvero il *genere*: si tratta di considerare la *trasgressione* come *rigenerazione*. Come conseguenza di questa lettura orientata, otteniamo la riscoperta della *tradizione* come fonte di innovazione, libertà e responsabilità. Il passaggio dall'*ordine* alla *trasgressione* e al *genere* avviene mediante la conoscenza critica. Il meccanismo che fa scattare la molla del *riordinamento,* è la reazione all'oscurantista perdita di controllo delle *forme di significazione* della città e dell'ambiente. Per usare una metafora facilmente comprensibile, tutti conoscono la durezza con la quale il controllo sociale opera oggi sui mezzi di comunicazione di massa, televisione, internet, telefoni, stampa, radio ecc. Nell'antichità erano la città e l'architettura i mezzi di comunicazione di massa a disposizione. E' quindi chiaro il motivo dell'intervento di riordinamento. Infine possiamo considerare l'utilità, del binomio *ordine* e *trasgressione* quale strumento d'analisi e d'interpretazione scientifica: attraverso un procedimento induttivo si può riconoscere il ruolo della *trasgressione*, da uno schema ermeneutico provvisorio, come dispositivo fondamentale per il suo superamento e per la costruzione di un modello interpretativo più avanzato. Così questo nuovo *modello* diventa *ordine*, o dovremmo dire *genere*, ovvero classificazione, e dal particolare al generale questo *genere* presuppone un percorso inverso, l'adattamento di una generalità ad uno schema preimpostato per motivi di controllo, in attesa di una nuova *trasgressione*, come catarsi rigenerativa del progresso e della scienza.

Fig. 25 G.B. PIRANESI, *Le Antichità Romane*, Nella stamperia Salomoni alla piazza di S. Ignazio, Roma 1784, IV, tav. XXI, *Modinatura in grande del primo ordine interno del Panteon.*

Fig. 26 G. B. PIRANESI, *Le Antichità Romane*, Nella stamperia Salomoni alla piazza di S. Ignazio, Roma 1784, IV, tav. XXIII, *Dimostrazione in grande di alcune parti del primo ordine interiore del Panteon.*

Fig. 27 M. J. BAROZIO DA VIGNOLA, *Regole dei cinque ordini d'architettura*, s.e. Roma 1562, tav. VIIII, *Frontespizio*.

Cronologia

27 a.C. ca.	Vitruvio scrive il *De Architectura*
1416	Poggio Bracciolini scopre a S. Gallo il *Codex Harleianus*
1452 ca.	Alberti scrive il *De Re Aedificatoria*
1461-1464	Filarete scrive il *Trattato di Architettura*
1486	*Editio princeps* di Vitruvio, a cura di Giovanni Sulpicio da Veroli
1492	Francesco di Giorgio finisce di scrivere il suo *Architettura civile e militare*
1499	Pubblicato a Venezia il *Hypnerotomachia Poliphili* di Francesco Colonna
1509	Luca Pacioli pubblica a Venezia il *De divina proportione*
1511	Edizione veneziana di Vitruvio illustrata da Fra Giocondo
1513	Edizione fiorentina di Vitruvio, Fra Giocondo
1514	Traduzione del testo vitruviano di Fabio Calvo
1514	Lettera di Raffaello a Fabio Calvo (utilizzato per la prima volta il termine *ordine*)
1519	Lettera di Raffaello a Leone X (è ancora utilizzato il termine *ordine*)
1521	Traduzione in italiano di Vitruvio di Cesare Cesariano, edita a Como
1524	Pubblicata a Venezia la traduzione vitruviana di Francesco Liutio di Castel Durante
1526	Diego de Sagredo pubblica a Toledo un estratto di Vitruvio in spagnolo
1528	Serlio pubblica a Venezia le *Tavole di architettura*
1531	Antonio da Sangallo il giovane progetta una nuova traduzione di Vitruvio

1536	Traduzione commentata di Vitruvio a opera di Giovan Battista Caporali, pubblicata a Perugia
1537	Serlio pubblica a Venezia il IV libro, *Regole generali di architettura sopra le cinque maniere de gli edifici*
1538	Traduzione italiana del *De re aedificatoria* di Leon Battista Alberti eseguita dal parmense Damiano Pieti
1540	Serlio pubblica il III libro
1542	Si costituisce a Roma l'Accademia vitruviana
1544	Edizione vitruviana di Guillame Philander a Roma
1546	Traduzione dell'Alberti in italiano di Pietro Lauro, edita a Venezia
1547	Prima traduzione francese di Vitruvio, pubblicata a Parigi da Jean Martin
1548	Traduzione tedesca di Vitruvio di Rivius, edita a Norimberga
1550	Traduzione dell'Alberti in italiano di Cosimo Bartoli
1556	Commento a Vitruvio di Daniele Barbaro, con illustrazioni di Andrea Palladio
1562	Pubblicazione ultimo libro di Serlio
1562	Pubblicazione a Roma del trattato di Vignola
1567	Edizione veneziana della traduzione di Vitruvio di Daniele Barbaro
1570	Pubblicazione a Venezia de *I quattro Libri di Architettura* di Palladio.

Fig. 28 M. J. BAROZIO DA VIGNOLA, *Regole dei cinque ordini d'architettura*, s.e. Roma 1562, tav. XVIIII, *Il modo di fare il capitello ionico.*

Fig. 26 G. B. PIRANESI, *Le Antichità Romane*, Nella stamperia Salomoni alla piazza di S. Ignazio, Roma 1784, IV,. *LXI, Dimostrazione in grande di alcune delle parti del secondo ordine del serraglio delle fiere fabbricato da Domiziano,*

Bibliografia

LEON BATTISTA ALBERTI, *De re aedificatoria*, Niccolò di Lorenzo Alamanni, Firenze 1485.

M. VITRUVIUS per IOCUNDUM solito castigatior factus cum figuris et tabula ut iam legi et intelligi possit, Ioannis de Tridino alias Tacuino, Venetiis 1511.

VITRUVIO iterum et Frontinus a IOCUNDO Revisi repurgatique quantum ex collatione licuit, Giunti, Firenze 1513.

CESARE CESARIANO, *M. L.Vitruvio Pollione de Architectura traducto di Latino in Vulgare dal vero exemplare con le figure a li soi loci con mirando ordine insignito*, Philippi de Giunta Florentini, Venezia 1524.

GULIELMI PHILANDRI, *In decem libros M. Vitruvii Pollionis de architectura annotationes*, Romæ 1544.

PIETRO LAURO, *I dieci libri dell'architettura*, Vincenzo Vaugris, Venezia 1546.

COSIMO BARTOLI, *L'architettura di Leonbattista Alberti, tradotta in lingua Fiorentina da Cosimo Bartoli, gentilhuomo & accademico Fiorentino. Con la aggiunta di disegni*, Appresso Lorenzo Torrentino, Firenze 1550.

JACOMO BAROZIO DA VIGNOLA, *Regole dei cinque ordini d'architettura*, s.e., Roma 1562.

L'Architettvra di LEONBATISTA ALBERTI *Tradotta in Lingva Fiorentina da* COSIMO BARTOLI, Francesco de Franceschi, Venetia 1565.

DANIELE BARBARO, *I dieci libri dell'architettura*, De Franceschi & J. Criegher, Venezia 1567.

I quattro libri dell'architettura di ANDREA PALLADIO. *Ne' quali, dopo un breve trattato de' cinque ordini, & di quelli avertimenti, che sono piu necessarii nel fabricare; si tratta delle case private, delle Vie, de I ponti, delle Piazze, de i Xisti et de' Tempii*, Appresso Domenico de Franceschi, Venetia, 1570.

Vocabolario degli accademici della crusca, Appresso Giovanni Liberti, Venetia 1612.

FILIPPO BALDINUCCI, *Vocabolario Toscano dell'Arte del Disegno*, per Santi Franchi, Firenze 1691.

LUIGI MARINI, *Vitruvi de architectura libri decem*, In Pompei Theatro, Romae 1836, vol II.

RICHARD PHENÉ SPIERS, *The order of architecture: Greek, Roman, and Italian*, B.T. Batsford, London 1902.

VINCENZO GOLZIO, *Raffaello nei documenti, nelle testimonianze dei contemporanei e nella letteratura del suo secolo*, Arti Grafiche Panetto & Petrelli, Città del Vaticano 1936.
OTTO GEORG VON SIMSON, *The Gothic Cathedral. The origins of Gothic architecture & the medieval concept of order*, Routledge & Kegan Paul, London 1956.
VITRUVIUS, *On architecture, edited form the Harleian manuscript 2767 and translated into English by* FRANK GRANGER, Harvard University Press & William Heinemann Ltd, London-Cambridge, Massachusetts 1962.
LEON BATTISTA ALBERTI, *L'architettura (De re aedificatoria)*, testo latino e traduzione a cura di GIOVANNI ORLANDI, Edizioni Il polifilo, Milano 1966.
ANTONIO AVERULINO, detto il Filarete, *Trattato di architettura*, a cura di ANNA MARIA FINOLI e LILIANA GRASSI, Il Polifilo Milano, 1972, 2 voll.
VINCENZO FONTANA, PAOLO MORACHIELLO, *Vitruvio e Raffaello. Il De Architectura di Vitruvio nella traduzione inedita di Fabio Calvo ravennate*, Offiina, Roma 1975.
Scritti d'arte del Cinquecento, a cura di PAOLA BAROCCHI, III, Einaudi, Milano 1977.
MANFREDO TAFURI, *Cesare Cesariano e gli studi vitruviani nel quattrocento*, in Scritti rinascimentali di Architettura, a cura di ARNALDO BRUSCHI, Il Polifilo, Milano 1978, pp. 459-484.
FRANCIS D.K. CHING, *Architecture: form space & order*, Van Nostrand Reinhold, New York-London 1979.
PIERRE GROS, *Vitruve: l'architecture et sa theorie, a la lumiere des etudes recentes*, Walter De Gruyter, Berlin-New York 1982.
JOHN ONIANS, *Bearers of meaning. The classical Orders in Antiquity, the Middle Ages, and the Renaissance*, Princeton University Press, Princeton, New Jersey 1988.
MASSIMO BIRINDELLI, *Ordine apparente. Architettura e simmetrie irregolari*, Edizioni Kappa, Roma 1987.
HANNO-WALTER KRUFT, *Storia delle teorie architettoniche. Da Vitruvio al Settecento*, Laterza, Roma Bari, 1988; tit. orig. *Geschichte der Architekturtheorie von der Antike bis zur Gegenwart*, Beck, München 1985.
T. CERONE, A. SARDONE, *La prima traduzione del De re aedificatoria di Leon Battista Alberti nel manoscritto di Damiano Pieti, 1538*, [tesi di laurea], Università degli Studi di Firenze, Facoltà di Architettura, A.A. 1989-1990.

ENRICO GUIDONI, *L'arte di progettare le città. Italia e Mediterraneo dal medioevo al settecento*, Edizioni Kappa, Roma 1992.
VITTORIO GREGOTTI, *Dell'ordine*, «Casabella: rivista internazionale di architettura», LVI, 590, (Maggio 1992), pp. 2-3.
ORAZIO CARPENZANO, *Idea immagine architettura. Tecniche di invenzione architettonica e composizione*, Gangemi, Roma 1993, pp. 51-61.
GIUSEPPE STRAPPA, *Unità dell'organismo architettonico. Note sulla formazione e trasformazione dei caratteri degli edifici*, Edizioni Dedalo, Bari 1995.
MICHAEL PARKER PEARSON, COLIN RICHARDS eds., *Architecture & order: approaches to social space*, Routledge, London-New York 1996.
FERRUCCIO CANALI, *Per un primo corpus di testi di teoria architettonica a Ravenna tra V e VIII secolo*, «Ravenna studi e ricerche», III, (1996), pp. 233-265.
VITRUVIUS POLLIO, *De architectura*, a cura di PIERRE GROS, traduzione e commento di ANTONIO CORSO ed ELISA ROMANO, Einaudi, Torino 1997.
ORAZIO CARPENZANO, *Notizia preliminare di uno studio condotto su alcuni frontespizi dei trattati di architettura*, «XY. Dimensioni del disegno», 27/28 (1997), pp. 72-77.
CAROLINE VAN ECK, *The Structure of De re aedificatoria Reconsidered*, «Journal of the Society of Architectural Historians», vol. 57, n. 3, (september 1998), pp. 280-297.
STEFAN SCHULER, *Vitruv im Mittelalter: die Rezeption von «De architectura» von der Antike bis in die frühe Neuzeit*, Böhlau, Köln 1999.
KEITH CRITCHLOW, *Order in space*, Thames Hudson Ltd, London 2000.
FRANCO PURINI, *Comporre l'architettura*, Laterza, Roma-Bari 2000.
BRUNO QUEYSANNE, *Le mots et la discipline. Sur la traduction de quelques propositions vitruviennes*, «Cahiers thématiques Architecture, Historie et Conception», n.1, (2001), pp. 68-80.
SEBASTIANO SERLIO, *L'architettura. I libri I-VII e Extraordinario nelle prime edixioni*, a cura di FRANCESCO PAOLO FIORE, II, Il polifilo, Milano 2001.
YVES PAUWELS, *«Varietas» et «ordo» en architecture: lecture de l'antique et rhétorique de la création*, in *La varietas à la Renaissance*, Études et rencontres de l'École des Charter, 9, (2001), p. 57-80.
CHRISTOPHER ALEXANDER, *The nature of order: an essay on the art of building and the nature of the universe*, The Centre for Environmental Structure, Berkeley, CA 2002.

DEBRA SCHAFTER, *The order of ornament, the structure of style: theoretical foundations of modern art and architecture*, Cambridge University Press, Cambridge England and NewYork 2003.

ADRIANO PERONI, *«Ordo et mensura» nell'architettura altomedievale*, in *Uomo e spazio nell'Alto Medioevo*, Settimane di studio del Centro Italiano di Studi sull'Alto Medioevo, 50, CISAM, Spoleto 2003, p. 1055-1117.

CARLO TOSCO, *Vitruvio in età gotica*, in *Vitruvio nella cultura architettonica antica, medievale e moderna,* (Atti del Convegno Internazionale, Genova, 5-8 novembre 2001), a cura di GIANLUIGI CIOTTA, De Ferrari Editore, Genova 2003.

ALESSANDRO CAMIZ, *Il problema della forma, genesi ed evoluzione: Rappresentazione, pensiero simbolico, linguaggio. Cosmogenesi*, relazione al Seminario *Il pensiero delle forme tra architettura e scienze della vita,* Laboratorio di Teorie e Critica dell'Architettura Contemporanea, diretto da ROBERTO SECCHI, Dipartimento di Architettura e Analisi della Città, Università degli studi di Roma "La Sapienza", Roma 2004.

ALESSANDRO CAMIZ, *Itinerari processionali per la storia della città medievale. Le rogazioni, tra polo arcivescovile e polo comunale nella Ravenna dei secoli XIV-XV*, in El espacio urbano en la Europa medieval, (Encuentros Internacionales del Medievo, Nájera, 26-29 julio 2005), J. Á, SOLÓRZANO TELECHEA, B. ARÍZAGA BOLUMBURU (eds.) Instituto de Estudios Riojanos, Logroño, 2006, pp. 483-508.

ALESSANDRO CAMIZ, *Genere ed elenco. Tecniche compositive e significazione architettonica*, in *Questioni di progettazione*, a cura di RAFFAELE PANELLA, Gangemi Roma 2004, p. 103.

ALESSANDRO CAMIZ, *Loci adrianei nel De Re Aedificatoria di Leon Battista Alberti*, in Premio Piranesi. Progetti per Villa Adriana, Themenos, vol. 4, CLUP Milano 2005, pag. 87-95.

ANGELIKI POLLALI, *Classical Mistranslations: The Absence of a Modular System in Calvo's De Architectura*, Conference, *Revisioning High Renaissance, Rome*, University of Edinburgh, April 4-5 2005.

ALESSANDRO CAMIZ, *Alberti, Raffaello e la traduzione di Vitruvio nella trattatistica architettonica rinascimentale*: ordo sive genus, in *Ordine e trasgressione. Un'ipotesi di interpretazione tra storia e cultura*, a cura di MARCO VENCATO, ANDREAS WILLI e SACHA ZALA, Viella, Roma 2008, pp. 71-105.

MARCO VENCATO, ANDREAS WILLI e SACHA ZALA (a cura di), *Ordine e trasgressione. Un'ipotesi di interpretazione tra storia e cultura*, Viella, Roma 2008.

Finito di stampare nel mese di Marzo del 2014, Raleigh, NC.

L'ordine architettonico non esiste

www.ingramcontent.com/pod-product-compliance
Ingram Content Group UK Ltd.
Pitfield, Milton Keynes, MK11 3LW, UK
UKHW020236250726
13967UKWH00001B/397